格致方法·定量研究系列　吴晓刚　主编

评 估 不 平 等

[美] 郝令昕(Lingxin Hao)　丹尼尔·Q.奈曼(Daniel Q.Naiman) 著

巫锡炜 译

SAGE Publications, Inc.

格 致 出 版 社　上海人&出版社

图书在版编目(CIP)数据

评估不平等 /(美)郝令昕,(美)丹尼尔·Q.奈曼
著;巫锡炜译. -- 上海:格致出版社:上海人民出版
社,2025. --(格致方法·定量研究系列). -- ISBN
978-7-5432-3635-6

Ⅰ.C91-03

中国国家版本馆 CIP 数据核字第 2024R1G444 号

责任编辑 刘 茹

格致方法·定量研究系列

评估不平等

[美]郝令昕 丹尼尔·Q.奈曼 著

巫锡炜 译

出 版 格致出版社
        上海人民出版社
        (201101 上海市闵行区号景路 159 弄 C 座)
发 行 上海人民出版社发行中心
印 刷 浙江临安曙光印务有限公司
开 本 920×1168 1/32
印 张 6.75
字 数 136,000
版 次 2025 年 1 月第 1 版
印 次 2025 年 1 月第 1 次印刷
ISBN 978-7-5432-3635-6/C·328
定 价 58.00 元

出版说明

　　由吴晓刚(原香港科技大学教授,现任上海纽约大学教授)主编的"格致方法・定量研究系列"丛书,精选了世界著名的 SAGE 出版社定量社会科学研究丛书,翻译成中文,起初集结成八册,于 2011 年出版。这套丛书自出版以来,受到广大读者特别是年轻一代社会科学工作者的热烈欢迎。为了给广大读者提供更多的方便和选择,该丛书经过修订和校正,于 2012 年以单行本的形式再次出版发行,共 37 本。我们衷心感谢广大读者的支持和建议。

　　随着与 SAGE 出版社合作的进一步深化,我们又从丛书中精选了三十多个品种,译成中文,以飨读者。丛书新增品种涵盖了更多的定量研究方法。我们希望本丛书单行本的继续出版能为推动国内社会科学定量研究的教学和研究作出一点贡献。

总 序

2003年,我赴港工作,在香港科技大学社会科学部教授研究生的两门核心定量方法课程。香港科技大学社会科学部自创建以来,非常重视社会科学研究方法论的训练。我开设的第一门课"社会科学里的统计学"(Statistics for Social Science)为所有研究型硕士生和博士生的必修课,而第二门课"社会科学中的定量分析"为博士生的必修课(事实上,大部分硕士生在修完第一门课后都会继续选修第二门课)。我在讲授这两门课的时候,根据社会科学研究生的数理基础比较薄弱的特点,尽量避免复杂的数学公式推导,而用具体的例子,结合语言和图形,帮助学生理解统计的基本概念和模型。课程的重点放在如何应用定量分析模型研究社会实际问题上,即社会研究者主要为定量统计方法的"消费者"而非"生产者"。作为"消费者",学完这些课程后,我们一方面能够读懂、欣赏和评价别人在同行评议的刊物上发表的定量研究的文章;另一方面,也能在自己的研究中运用这些成熟的方法论技术。

上述两门课的内容,尽管在线性回归模型的内容上有少量重复,但各有侧重。"社会科学里的统计学"从介绍最基本的社会研究方法论和统计学原理开始,到多元线性回归模型结束,内容涵盖了描述性统计的基本方法、统计推论的原理、假设检验、列联表分析、方差和协方差分析、简单线性回归模型、多元线性回归模型,以及线性回归模型的假设和模型诊断。"社会科学中的定量分析"则介绍在经典线性回归模型的假设不成立的情况下的一些模型和方法,将重点放在因变量为定类数据的分析模型上,包括两分类的 logistic 回归模型、多分类 logistic 回归模型、定序 logistic 回归模型、条件 logistic 回归模型、多维列联表的对数线性和对数乘积模型、有关删节数据的模型、纵贯数据的分析模型,包括追踪研究和事件史的分析方法。这些模型在社会科学研究中有着更加广泛的应用。

修读过这些课程的香港科技大学的研究生,一直鼓励和支持我将两门课的讲稿结集出版,并帮助我将原来的英文课程讲稿译成了中文。但是,由于种种原因,这两本书拖了多年还没有完成。世界著名的出版社 SAGE 的"定量社会科学研究"丛书闻名遐迩,每本都写得通俗易懂,与我的教学理念是相通的。当格致出版社向我提出从这套丛书中精选一批翻译,以飨中文读者时,我非常支持这个想法,因为这从某种程度上弥补了我的教科书未能出版的遗憾。

翻译是一件吃力不讨好的事。不但要有对中英文两种语言的精准把握能力,还要有对实质内容有较深的理解能力,而这套丛书涵盖的又恰恰是社会科学中技术性非常强的内容,只有语言能力是远远不能胜任的。在短短的一年时间里,我们组织了来自中国内地及香港、台湾地区的二十几位研究生参与了这项工程,他们当时大部分是香港科技大学的硕士和博士研究生,受过严格的社会科学统计方法的训练,也有来自美国等地对定量研究感兴趣的博士研究生。他们是香港科技大学社会科学部博士研究生蒋勤、李骏、盛智明、叶华、张卓妮、郑冰岛,硕士研究生贺光烨、李兰、林毓玲、肖东亮、辛济云、於嘉、余珊珊,应用社会经济研究中心研究员李俊秀;香港大学教育学院博士研究生洪岩璧;北京大学社会学系博士研究生李丁、赵亮员;中国人民大学人口学系讲师巫锡炜;中国台湾"中央"研究院社会学所助理研究员林宗弘;南京师范大学心理学系副教授陈陈;美国北卡罗来纳大学教堂山分校社会学系博士候选人姜念涛;美国加州大学洛杉矶分校社会学系博士研究生宋曦;哈佛大学社会学系博士研究生郭茂灿和周韵。

　　参与这项工作的许多译者目前都已经毕业,大多成为中国内地以及香港、台湾等地区高校和研究机构定量社会科学方法教学和研究的骨干。不少译者反映,翻译工作本身也是他们学习相关定量方法的有效途径。鉴于此,当格致出版社和 SAGE 出版社决定在"格致方法·定量研究系列"丛书中推出另外一批新品种时,香港科技大学社会科学部的研究生仍然是主要力量。特别值得一提的是,香港科技大学应用社会经济研究中心与上海大学社会学院自 2012 年夏季开始,在上海(夏季)和广州南沙(冬季)联合举办"应用社会科学研究方法研修班",至今已经成功举办三届。研修课程设计体现"化整为零、循序渐进、中文教学、学以致用"的方针,吸引了一大批有志于从事定量社会科学研究的博士生和青年学者。他们中的不少人也参与了翻译和校对的工作。他们在繁忙的学习和研究之余,历经近两年的时间,完成了三十多本新书的翻译任务,使得"格致方法·定量研究系列"丛书更加丰富和完善。他们是:东南大学社会学系副教授洪岩璧,香港科技大学社会科学部博士研究生贺光烨、李忠路、王佳、王彦蓉、许多多,硕士研究生范新光、缪佳、武玲蔚、臧晓露、曾东林,原硕士研究生李兰,密歇根大学社会学系博士研究生王骁,纽约大学社会学系博士研究生温芳琪,牛津大学社会学系研究生周穆之,上海大学社会学院博士研究生陈伟等。

陈伟、范新光、贺光烨、洪岩璧、李忠路、缪佳、王佳、武玲蔚、许多多、曾东林、周穆之,以及香港科技大学社会科学部硕士研究生陈佳莹,上海大学社会学院硕士研究生梁海祥还协助主编做了大量的审校工作。格致出版社编辑高璇不遗余力地推动本丛书的继续出版,并且在这个过程中表现出极大的耐心和高度的专业精神。对他们付出的劳动,我在此致以诚挚的谢意。当然,每本书因本身内容和译者的行文风格有所差异,校对未免挂一漏万,术语的标准译法方面还有很大的改进空间。我们欢迎广大读者提出建设性的批评和建议,以便再版时修订。

我们希望本丛书的持续出版,能为进一步提升国内社会科学定量教学和研究水平作出一点贡献。

吴晓刚

于香港九龙清水湾

目 录

序   1

第 1 章　导论   1

第 2 章　概率密度函数、累积分布函数、分位数函数
和洛伦兹曲线   7
   第 1 节　秩、概率密度函数、累积分布函数和矩   9
   第 2 节　分位数函数   15
   第 3 节　洛伦兹曲线   18
   第 4 节　小结   23

第 3 章　概要不平等测量   25
   第 1 节　概要不平等测量   27
   第 2 节　适用于含非正数取值变量的概要不平等测量   51
   第 3 节　小结   53

第 4 章　不平等测量的选择   55
   第 1 节　弱转移原则   57

第 2 节　强转移原则　　　　　　　　　60

第 3 节　尺度无关性　　　　　　　　　62

第 4 节　人口无关原则　　　　　　　　63

第 5 节　可分解性　　　　　　　　　　64

第 6 节　选择适合于一个人口的不平等测量　74

第 7 节　洛伦兹占优和人口比较　　　　77

第 8 节　小结　　　　　　　　　　　　83

第 5 章　相对分布方法　　　　　　　　　85

第 1 节　相对秩、相对分布、相对密度　87

第 2 节　相对比例和相对密度　　　　　94

第 3 节　相对密度的分解　　　　　　　99

第 4 节　相对分布的概要测量　　　　107

第 5 节　小结　　　　　　　　　　　117

第 6 章　推断问题　　　　　　　　　　119

第 1 节　含调查设计效应的渐近方法　122

第 2 节　自举方法　　　　　　　　　131

第 3 节　小结　　　　　　　　　　　139

第 7 章　分析不平等趋势　　　　　　　141

第 1 节　分析不平等趋势　　　　　　142

第 2 节　小结　　　　　　　　　　　153

第 8 章　一个说明性的应用　　155

　　第 1 节　美国收入和财富的不平等(1991—2001 年)　156

　　第 2 节　描述性统计　158

　　第 3 节　观测的收入和财富的不平等　162

　　第 4 节　检验收入和财富不平等的变动趋势　169

　　第 5 节　分解收入和财富不平等的变动趋势　174

　　第 6 节　小结　179

附录　181

注释　188

参考文献　190

译名对照表　195

序

社会不平等在定性和定量社会研究中一直为古典和现代社会理论家所讨论。不平等也许是社会科学的中心话题。

社会不平等的定量评估是郝令昕和丹尼尔·Q.奈曼专著的主题。作者特别关注不平等,比如,收入或财富在不同社会之间、同一社会的不同群体之间以及时间维度上的比较。这一话题根据预设读者只有些许数学和统计学背景的原则来展开。

郝令昕和奈曼介绍了众所周知且使用广泛的洛伦兹曲线和不平等的基尼指数,并且系统地提出了更具一般性的不平等测量的原理和标准,但他们强调了对整体分布进行比较的方法。比如,除了对平均值的关注,作者将不平等研究与分位数回归方法联系起来,这一方法描绘出收入等反应变量的条件分布,而不仅仅是其中心如何随性别、种族和教育等解释变量而变化。

社会不平等的定量研究往往建立在复杂社会调查基础之上,这类调查中的抽样误差是不可忽略的,而且一般教科书中基于独立随机抽样的推断方法并不适用于这类调查。

因此,郝令昕和奈曼将他们的讨论与可用软件联系起来,介绍了适用于以此类数据对不平等测量进行统计推断的方法。他们的讨论同时包括标准的渐进方法和一种基于自举法的方法。

本书广泛的内容和详尽易懂的讨论,将为在这一重要领域中从事工作的研究者提供巨大的帮助。

约翰·福克斯

第 *1* 章

导　论

本书有两个目标。第一，回顾一系列被广泛使用的概要不平等测量和不为大家所熟悉的相对分布方法，介绍每一个测量和方法背后的基本原理，并对它们的联系进行讨论。第二，介绍一项技术，以分位数回归来对时间维度上的不平等进行基于模型的分解。这一基于模型的方法使我们能够对两个时点之间引发不平等变化的两个不同因素进行评估。一个是促成因素，它指协变量的构成变化，另一个是在给定协变量的情况下，反应变量的条件分布的变化。

社会不平等是社会科学的核心。社会学长期以来一直关注由社会结构所塑造的资源和机会上的个体和群体之间的不平等(Blau, 1977)，并论述过不平等概要测量的理论和方法论意蕴(Allison, 1978)。已有大量经验研究围绕着资源和健康上不平等的模式、趋势、原因和后果来展开讨论。有大量文献讨论过如何测量不平等。研究者们创建了诸多概要不平等测量，并已将它们应用于经验研究中，比如，基尼系数、变异系数、方差的对数、泰尔不平等指数、阿特金森指数、广义熵等。然而，对这些测量的介绍却并不总是与社会科学家们所熟悉的概念相联系。另外，测量之间的关系也未得到明确说明。比如，我们可能想知道，为什么基尼系数强调了分布的中间部分,应当如何将基尼系数与广义熵进行对比或者如何协调多个不平等测量的使用。此外,在趋势研究中,人口构成和属性的分布往往同时变化。因此,有必要将构成变化和条件分布的变化区分开来。本书试图就这些问题进行讨论。

我们以平等——不存在不平等的方式,来定义不平等。平等意味着资源的均匀分布,其中,一个人群中的每个人都能获取相同数量(按绝对量计算)或相同份额(按相对量计算)的某一资源,比如,收入或财富或诸如健康之类的福利测量。平等在真实世界中很少存在。已有的不平等研究试图量化不平等的程度。请注意,平等和公平是不同的概念。公平关注的是整个社会的福利,认为资源的分配无需平等。如果社会中的某些成员变富且没有人变穷,那么,这个社会的总福利就被认为更大。在随后的章节中,我们将会再次谈到不平等和社会福利之间的区别。

我们将社会之间、社会群体之间或时期之间的分布差异视为不平等。作为一种人口属性的不平等可以用多种方式进行测量,包括概要不平等测量。研究者会使用诸如基尼系数或泰尔不平等指数等概要测量对两个或多个分布的形状进行比较。其他不平等测量将两个或多个分布之间的其他差异加以量化,包括中心位置(均值或中位数)、尺度(标准差或四分位距)以及形状(偏态或峰态)。比如,在对今天和10年前收入分布的比较中,有三种情形可以说明这些分布的属性的改变。第一,每一个家庭户都获得某一固定额度的增量,从而引发一个纯粹正的位置改变和概要不平等测量的减小(比如,更小的基尼系数)。第二,每一个家庭户都获得某一固定百分比的增量，引发正的位置改变以及尺度增大，而特定的一套概要不平等测量却并未发生变化（比如，基尼系数没有变化）。第三，处在分布下半部分的家庭户比处在上半部分的家庭户经历了一个更小比例的收益（正如美国的收入分布自 1973 年以来所出现的情形），引发正的位置改变、尺度增大、右偏态更大以及概要不平等测量的增大（比如，更大的基尼系数）。不同概要不平等测量之间的相互关系可以通过将它们与位置、尺度和形状改变相联系而变得更加清楚。

本书的主要目标是，提供从分布属性的角度来测量不平等的基本原理。我们将介绍三套不平等测量：(1)概要测量；(2)基于分位数的测量；(3)基于相对分布的测量。由于存在大量有关不平等测量的文献，因此，很难决定这些测量孰去孰留。本书没有纳入贫困和集中测量或流动指数。我们认为，最重要的变量为连续变量，因此，我们只考虑如何基于连续变量来测量不平等。考虑到大多数社会科学家都经常且习惯于谈论分布属性（比如，均值/中位值、方差、偏态和峰态），因此，我们就利用了对这些概念的熟识性。我们会介绍所纳入的全部不平等测量的主要性质，并讨论它们的优点和不足。同时，我们避免对哪些测量更优这样的问题作出判断。

一些研究者已经介绍过对时期之间不平等来源进行分解的方法。使用非基于模型的分解方法已经可以在趋势研究中，将条件分布的变化从协变量构成变化中分离出来（Cowell, 2000）。一个替代方法是基于回归模型的分解（Oaxaca, 1973）及其对残差所进行的现代处理（Juhn, Murphy & Pierce, 1993）。这一方法受到限制，因为它被局限于条件均值框架。密度分解上的开创性发展将概要不平等测量直接与它们所描述的密度函数联系起来（Autor，Katz & Kearney，2005；DiNardo，Forth & Lemieux，1996）。基于分位数回归的分解方法（Machado & Mata，2005）建立在分位数回归分析之上（Hao & Naiman，2007；Koenker，2005），它提供了一种更灵活的方法用于基于模型的分解。本书将介绍分位数回归如何能被用来区分不平等测量变化趋势中的构成成分和条件分布成分。

通过与连续反应变量 Y 的分布相联系的一个量，本书从头至尾都在讨论与不平等的测量和分析有关的问题。第 2 章介绍分布之间的位置、尺度和形状改变以及这些改变如何将它们在概率密度函数（PDF）、累积分布函数（CDF）和分位数函数中显示出来。该章也会介绍标准的洛伦兹曲线和广义洛伦兹曲线以及分位数函数与洛伦兹曲线之间的关系。第 3 章对一套使用广泛的概要不平等测量进行回顾。第 4 章讨论如何基于五项原则在诸多概要不平等测量之间进行选择，以及洛伦兹占优如何可被用来指导选取最少量的一套不平等测量，对不同人口进行比较。第 5 章讨论作为测量和分析不平等的灵活工具的相对分布方法。在第 6 章中，我们讨论了应在怎样的条件下使用渐近推断方法或自举推断方法以及如何基于调查数据得到不平等测量的标准误和置信区间。第 7 章介绍不平等趋势中非基于模型和基于分位数回归模型的分解。应用本书所介绍的大部分技术，最后一章将给出一个真实世界的研究范例，对 1991 年和 2001 年家庭户收入和财富不平等进行考察。

适合于不平等研究的结果变量的例子出现在若干领域

中。人们可能对以下内容感兴趣：经济福利——这会引发对收入或财富进行考察；学业成绩——这可由标准化测试分数加以测量；以诸如体重指数这样的量来描述健康。在本书中，我们将家庭户收入作为一些包含正数取值变量的例子，用家庭户财富作为一些包含正数、0和负数取值变量的例子。尽管分析单位可以是个体、家庭或家庭户，但我们选择家庭户作为分析单位，因为这些资源由家庭户成员共同分享，并且我们对作为整体的家庭户福利水平感兴趣。家庭户特征以户主的种族、教育和年龄以及家庭户类型和居住地进行测量。收入或财富的比较基于不同社会群体或两个时点之间的美国人口来进行。处于不平等不断加剧时期的美国1991年和2001年"收入与项目参与调查"（SIPP）提供了用于举例说明的经验数据。数据、Stata程序和各章的证明附录都可在本书作者的网站上找到：www.ams.jhu.edu/~hao/INEQ_Book。

概率密度函数、累积分布函数、分位数函数和洛伦兹曲线

　　第 2 章的目的是在宽泛意义上为某一人口特征的分布属性(诸如集中趋势、离散度、偏态和峰态)和不平等测量之间的联系奠定基础。我们用一个假设数据来说明位置改变、尺度改变或形状改变等分布上的变动如何反映在均值、方差、偏态和峰态的变化上。然后,我们简要回顾概率密度函数和累积分布函数,介绍分位数函数,最后基于分位数函数来介绍洛伦兹曲线。洛伦兹曲线提供了可将诸多概要不平等测量统一起来的共同基础。

第 1 节 | 秩、概率密度函数、累积分布函数和矩

　　我们以收入为例来分析我们感兴趣的特征变量。将对个体 i 观测到的收入数据记为 y_i，那么，全部的观测收入数据（未排序的情况下）可记为 $y_1, \cdots, y_n$。当个体的收入被从低到高加以排序时，就得到了有序值 $y_{(1)}, \cdots, y_{(n)}$。个体收入的"秩"指的是个体收入在有序值之间所处的位置。秩对分析和研究分布属性很有用。彭（Pen）在其 1973 年提出"高矮排队法"的文章中，提出将收入想象成身高和从矮到高列队的个体。该列队呈现为一条非降的曲线。在"高矮排队法"中，侏儒（极低收入的个体）和巨人（极高收入的个体）引人注目。我们使用的所有基本工具，包括概率密度函数、累积分布函数、分位数函数和洛伦兹曲线，都可建立在排序数据的基础上。

　　个体收入 Y 的概率密度函数 f_Y 曲线下方的面积反映出各收入取值区间的相对频数，从而完整地描述收入的概率分布。累积分布函数 F_Y 描述累积概率，即对于任一给定的收入 y，$F_Y(y)$ 会给出收入小于 y 的概率。出于纯粹举例说明的目的，我们生成了一个假设具有对称分布的收入变量 $Y^{(0)}$（把它称为"原始"数据），图 2.1 呈现了它的概率密度函数和

累积分布函数。累积分布函数上与图 2.1(b)中的某个 y 相对应的 ρ 表达了图 2.1(a)中概率密度函数下直到 y 点处的面积。直观地来看,我们可以看到中心位置位于何处、分布有多离散(尺度)以及分布的形状是对称的还是偏态的。对于如图 2.1 所示的正态分布而言,概率密度函数的形状呈轴对称,而累积分布函数的形状则呈中心对称。

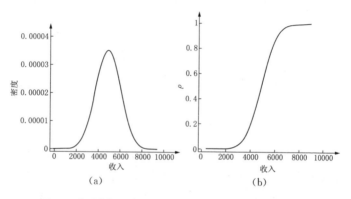

图 2.1   收入的假设正态分布的概率密度函数和累积分布函数

为了更好地理解分布的特征,我们来考虑如何以概率密度函数和累积分布函数来刻画位置、尺度和形状改变。首先,位置改变源于对人口的每一个成员增加或减少某一固定额度的资源。当对 $Y^{(0)}$ 增加某一常数 a 得到了 $Y^{(1)}$ 时,$Y^{(1)} = a + Y^{(0)}$,我们将 $Y^{(1)}$ 定义成 $Y^{(0)}$ 的位置改变。比如,当每个人都得到相同额度的额外收入时,结果就是出现一个正的位置改变。但是,对每个人征取相同额度的税则会导致一个负的位置改变。其次,尺度改变源于以某一固定比例增加或减少每个人的资源。如果 $Y^{(2)}$ 是将 $Y^{(0)}$ 乘以某个正的常数 c 而得到的,那么 $Y^{(2)} = cY^{(0)}$,我们将 $Y^{(2)}$ 定义成 $Y^{(0)}$ 的尺度改变。

比如,每个人可能都从其雇主处得到某个固定比例的工资上涨。再次,形状改变源于以不同的量增加或减少某个总体中成员的资源。尽管起初是个对称分布,但如果位于此分布上半部分的个体比那些位于下半部分的个体得到了更高比例的增量,那么该分布将向右偏。反之,如果具有更高收入的个体要缴纳更高的税,那么,该分布将向左偏。因此,根据个体收入的不同来将其收入乘以不同的系数能够带来反称性改变。

图 2.2 将四种改变(位置、尺度、右偏态和左偏态)的概率密度函数和累积分布函数与收入的原始正态分布的概率密度函数和累积分布函数进行了比较。为了便于比较,我们用共同的 x 和 y 取值范围画出这些函数。图 2.2(a)中的子图显示:(1)正的位置改变使概率密度函数向右移动;(2)尺度改变使概率密度函数向右移动并使其变得更宽;(3)右偏改变使概率密度函数向右移动,并使其上半部分比下半部分宽更多;(4)左偏改变使概率密度函数向左移动,并使其下半部分比上半部分宽更多。位置改变和尺度改变之后,概率密度函数仍是对称的,但右偏态和左偏态改变之后,它就变成非对称的了。

图 2.2(b)将五个累积分布函数呈现在一幅图中。实线描绘了收入的原始正态分布。虚线为位置改变,与实线平行且位于其右边。点线描绘了尺度变化,它不再与实线平行,且上半部分比下半部分向右移得更远。右偏改变曲线(长划线)的上半部分向右移得更远,而其底端仍然靠近原始曲线。左偏改变曲线(短划线)向左移动,其上半部分移动得更远而其下半部分仍然靠近原始曲线。尽管位置和尺度改变后的

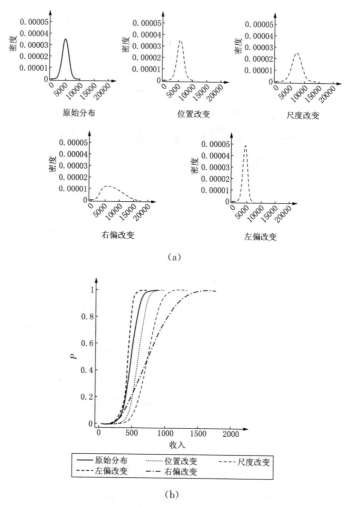

图 2.2　收入的假设正态分布及其

四种改变的分布：概率密度函数和累积分布函数

累积分布函数仍保持对称性,但右偏和左偏改变后的累积分
布函数则不再保持对称性。与概率密度函数的模式相比,累
积分布函数的模式具有不同的外观。了解累积分布函数模

式有助于我们将已经熟悉的概率密度函数与不熟悉的分位数函数联系起来。

概率密度函数的属性可以用"矩"从数值上加以描述。每一个矩就是 Y 的某次幂的期望值，即 k 阶矩，被定义为 $E[Y^k]$。一阶矩就是均值（或期望值）$\mu=E[Y]$，它被用来描述一个分布的集中趋势。更高阶矩（$k=2,3,\cdots$）描述了分布更复杂的属性，且在以均值进行对中的情况下通常更易于理解和解释，即考虑中心矩便于我们理解分布。k 阶中心矩 $E[(Y-\mu)^k]$ 被定义成 Y 和 μ 之间差值的 k 次幂的期望值。二阶中心矩（方差）$\sigma^2=E[(Y-\mu)^2]$，Y 和 μ 之间差值平方的均值测量了离散度（尺度）。方差的平方根 σ 被定义成分布的标准差。

对具有不同尺度的分布的更高阶中心矩进行比较可能较为困难，因此，我们通常将分布加以标准化，使其方差等于 1，然后计算重新尺度化的分布的更高阶中心矩。因此，k 阶标准化中心矩便可通过将 k 阶中心矩除以 σ^k 得到，故它具有 $E[(Y-\mu)^k]/\sigma^k$ 的形式。三阶标准化中心矩具有 $E[(Y-\mu)^3]/\sigma^3$ 的形式，这个量被定义为"偏态"。当分布围绕着均值对称时，偏态取 0 值。负值意味着左偏态，而正值则意味着右偏态。

同样，四阶中心矩得到量 $E[(Y-\mu)^4]/\sigma^4$，被称为分布的"峰态"。对于高斯（正态）分布而言，其峰态系数是 3。如果峰态系数大于 3，那么，这个具有比高斯分布更高峰点的分布被界定为"尖峰"[1]；当峰态系数小于 3 时，则为"扁平峰"。更高阶矩在描述分布属性中不常被使用。

变量的线性转换能够引起一阶和二阶矩（均值和方差）上

的变化。[2] 如果 Y 具有均值 μ 和方差 σ^2，那么，$Y^* = a + cY$ 的均值和方差分别为 $a + c\mu$ 和 $c^2\sigma^2$。但是，由于对中和标准化，标准化的中心矩（比如，偏态和峰态）并不受线性转换的影响。

表 2.1 的第一行列出了所生成收入数据（y_i^0）的四种矩。均值为 49051 美元，标准差为 10156 美元，偏态为 0，峰态为 3。第二行到第五行显示了四种改变——位置、尺度、右偏和左偏——的每一转变之后所得概率分布的矩。每个人的收入增加 10000 美元所引起的位置改变将使均值上升 10000 美元，但并未改变原始分布的标准差、偏态和峰态。由每个人的收入增加 50% 所引起的尺度改变同时使均值和标准差上升，但是，它既不改变偏态也不改变峰态。位置改变和尺度改变都属于原始变量的线性转换，因此并不影响偏态和峰态。由增加某一百分比所导致的右偏改变会导致原始分布的四个矩都发生变化——更大的均值、标准差、偏态和更小的峰态，左偏改变则恰好相反。

表 2.1 的最后一列对基尼系数加以比较，基尼系数的值越大表明越不平等。尽管基尼系数将在下一章加以介绍，但这里对它们进行比较的目的在于表明，位置改变和偏度改变会在基尼系数的变化中反映出来，而尺度改变并不如此。因此，基尼系数是"尺度无关的"。

表 2.1 收入的假设正态分布的矩和基尼系数及其四种改变的分布

分 布	均值	标准差	偏态	峰态	基尼系数
原始分布	49051	10156	0.00	3.00	0.1167
位置改变	59051	10156	0.00	3.00	0.0969
尺度改变	73576	15233	0.00	3.00	0.1167
右偏改变	76441	29399	0.36	2.40	0.2193
左偏改变	43573	6431	−0.45	4.30	0.0807

第 2 节 | 分位数函数

　　分位数函数是用来测量不平等的另一个工具,正如本章开始所提及的彭的"高矮排序法"一文指出的那样。收入累积分布函数 F_Y 的逆函数(inverse function)F_Y^{-1} 就是分位数函数 Q_Y,且 $Q_Y^{(p)}$ 表明了 y 的取值,因此,对于取值为 0 到 1 之间的每一个可能的比例 p,有 $F_Y(y)=p$。

$$Q_Y^{(p)} = F_Y^{-1}(p) \qquad [2.1]$$

因此,取值位于 $Q_Y^{(p)}$ 之下的人口所占比例为 p(对于更详细的定义,见《分位数回归模型》,Hao & Naiman,2007)。

　　对于假设的服从正态分布的收入数据 $y_i^{(0)}$,根据分位数函数得到的中心位置、尺度和形状可见于图 2.3(a)。分位数函数的 x 轴和 y 轴将累积分布函数的相应数轴互换了位置。因此,不再要求给出某个特定 y 值处的累积概率 p,我们问的是某一特定 p 处的 y 值是多少。我们感兴趣的累积概率值包括:$p50$(中位数),$p25$、$p50$、$p75$(四分位数),$p20$、$p40$、$p60$、$p80$(五分位数)以及 $p1$,$\cdots$,$p99$(百分位数)。重新关注与给定累积概率相对应的分位数,有助于在模型的不平等分析中将收入当作因变量。正态分布的分位数函数的对称性与其累积分布的中心对称性很相似,即位于分位数函数下半部分的斜率,精确地映射出位于上半部分的那些斜率。正态分布会呈现一条与图 2.3 中一样的对称曲线。

　　基于分位数的测量提供了测量中心位置、尺度和形状以描述分布属性的其他方式。众所周知的基于分位数的测量包括反映中心位置的中位数($p50$)和反映尺度或离散度的 $p25$ 和 $p75$ 之间的四分互差。这可以灵活地扩展到不同的极差，比如，$p10$ 和 $p90$ 之间或 $p1$ 和 $p99$ 之间的极差。$p50$ 到 $p90$ 的极差与 $p10$ 到 $p50$ 的极差之比反映偏态。由于使用均值和方差来刻画一个既非正态亦非对称分布的集中趋势和离散度是有问题的，所以，基于分位数的测量提供了一种比使用矩要丰富得多的方法来描述分布属性（请参见《分位数回归模型》中更详细的讨论，Hao & Naiman，2007）。基于分位数的不平等测量可被广泛应用。用中位数而非均值来描述收入分布的集中趋势是一种常见的做法。研究收入不平等的研究者们长期以来一直意识到，使用标准差来刻画偏态的收入分布的尺度的特征并不恰当。相反，收入的自然对数却经常被用来将偏态分布变成对数正态分布（Buchinsky，1994；Juhn et al.，1993）。

　　分位数函数能够清晰地刻画收入原始正态分布的四种改变的特征。在图 2.3(b) 中，实线描绘了原始分布。将每个人的收入增加 10000 美元所引起的位置变化使得曲线向上移动（虚线），并保持对称性。给予每一个个体相同百分比的提高所取得的尺度改变使曲线发生倾斜（点线），不过仍保持对称性。右偏改变后，曲线丧失了对称性（长划线），其中上端尾部的斜率比下端尾部的斜率更陡；左偏改变后，曲线也丧失了对称性（短划线），其中上端尾部的斜率比下端尾部的斜率更缓。

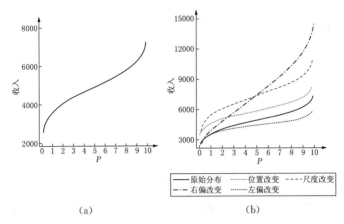

（a）　　　　　　　　　　　　（b）

图 2.3　收入的假设正态分布的分位数函数及其四种改变的分布：
正态分布和四种改变

第 3 节 | 洛伦兹曲线

洛伦兹所介绍的洛伦兹曲线为基尼系数和其他尺度无关的常量不平等测量提供了一个共同基础。它能表明,对于取值为 0 到 1 之间的每一个可能比例 p,那些收入不超过该 p 分位数的个体总收入的比例。比如,对于 $p=0.25$,我们将所有位于 $p25$ 或以下的收入取值加总,同时表达其占总收入的比例。

最直接的洛伦兹曲线的计算可以用一个包含 n 个收入值 y_1, $\cdots$, y_n 的样本来展示,首先将它们排序成 $y_{(1)}$, $\cdots$, $y_{(n)}$,然后得到:

$$L(s/n) = L(p) = \frac{\sum_{i=1}^{s} y_{(i)}}{\sum_{i=1}^{n} y_{(i)}} \quad (s = 0, 1, 2, \cdots, n; \ p = s/n)$$

[2.2]

因此,比如,一个样本包含了 100 名个体,并且他们的收入都被从小到大地进行排序,然后我们将 $L(0.25)$ 定义成最低 25 名个体的总收入除以全部个体的总收入。[3] 洛伦兹曲线被限定在 0($s=0$ 时)到 1($s=n$ 时)之间。所生成的收入数据(y_i^0)的洛伦兹曲线如图 2.4(a)所示。r 轴表明总人数的累积比例,y 轴则表明由对应的总人数累积比例所占的总收

入的累积比例。对角的直线被称为"平等线",表明每个人都
拥有完全相同的收入份额情况下将会得到的结果。对平等
的任何偏离都会使洛伦兹曲线位于平等线下方。洛伦兹曲
线对平等线的偏离越大,表明不平等程度越高。

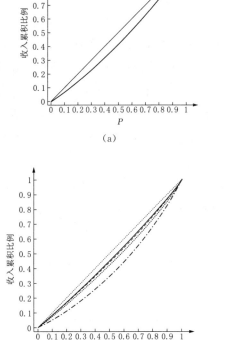

(a)

(b)

图 2.4 收入的假设正态分布的分位数函数
及四种改变分布的洛伦兹曲线:正态分布和四种改变

洛伦兹曲线与分位数联系紧密，且可以使用分位数函数
进行表述。对于一个收入分布具有以 f 表示的概率密度函
数的人口，我们会以各分位数的一个函数来表达洛伦兹
曲线：

$$L(p) = \frac{\int_{q=0}^{p} Q(q)dq}{\int_{q=0}^{1} Q(q)dq} = \frac{1}{\mu}\int_{y=0}^{Q(p)} yf(y)dy \qquad [2.3]$$

根据图形，方程 2.3 可被理解成，图 2.4(a) 中 p 对应着的
洛伦兹曲线 $L(p)$ 上的收入份额就是图 2.3(a) 中分位数函数
曲线下方直至 p 值处的面积，因为它被该分位数函数下的总
面积标准化了，也就是平均值。正如图 2.4(a) 中洛伦兹曲线
所显示的，约 40% 的总收入为该人口下半部分所占有。如果
以整个分位数函数下方的面积进行标准化，累积比例 0.4 就
等于该分位数下方直至 $p = 0.5$ 处的面积。

我们现在来考虑位置改变、尺度改变和形状改变对洛伦
兹曲线的影响。对于一个幅度为 $a(a > 0)$ 的正的位置改变，
新的洛伦兹曲线不同于原始的那条：

$$L^*(s/n) = \frac{\sum_{i=1}^{s}(a + y_{(i)})}{\sum_{i=1}^{n}(a + y_i)} = \frac{a \cdot s + \sum_{i=1}^{s} y_{(i)}}{a \cdot n + \sum_{i=1}^{n} y_i} \qquad [2.4]$$

这一新的洛伦兹曲线位于旧的那条上方，即 $L^*(s/n) > L(s/n)$，即使一些收入并不相同。直觉上讲，正的位置改变
使分子增加得比分母更多，因此使得洛伦兹曲线向上移动；
而负的位置改变则使分子减少得比分母更多，因此使得洛伦
兹曲线向下移动。附录中给出了这一事实的缜密讨论。因
此，将每 个个体的收入增加一个相同的正数 u 具有降低不

平等的效应。极端地说,随着 a 趋于无穷,洛伦兹曲线会接近于平等线。图 2.4(b)中,正的位置改变使得原初洛伦兹曲线(实线)略微向上移动,更加接近平等线(虚线)。

对于一个幅度为 $c(c > 0)$ 的尺度改变,我们有:

$$L^*(s/n) = \frac{\sum_{i=1}^{s} c \cdot y_{(i)}}{\sum_{i=1}^{n} c \cdot y_i} = \frac{c \sum_{i=1}^{s} y_{(i)}}{c \sum_{i=1}^{n} y_i} = L(s/n)$$

[2.5]

因为以均值进行了标准化,故洛伦兹曲线并不会随着尺度改变而变化(第 4 章中所讨论的尺度无关原则)。图 2.4(b)显示,原始的洛伦兹曲线和尺度改变的洛伦兹曲线完全相同。相比而言,正如前一节所显示的,尺度改变可在概率密度函数、累积分布函数、矩和分位数函数中被察觉。

洛伦兹曲线反映了形状改变。图 2.4(b)中,右偏改变(富者越富)将洛伦兹曲线向下移至长划线处,更加远离平等线。左偏改变(富人被征收比穷人更多的税)将洛伦兹曲线向上移至短划线处,更加接近平等线。

广义洛伦兹曲线被发展出来以反映尺度改变(Shorrocks,1980)。现在,令 x 轴表示累积份额与平均收入的积。使用假设数据,我们在图 2.5 中展示了原始正态分布的广义洛伦兹曲线及其通过将每个人的收入增加 50% 所带来的尺度变化所对应的广义洛伦兹曲线。原始分布的平均收入为 49051 美元,而其尺度改变的分布的平均收入为 73576 美元。这两个分布的常规洛伦兹曲线完全相同,但正的尺度改变对应的广义洛伦兹曲线位于原始分布对应的广义洛伦兹曲线的上方。而且,图 2.5 中的两条广义洛伦兹曲线表明,尺度改变的人口比原初的人口更富裕。

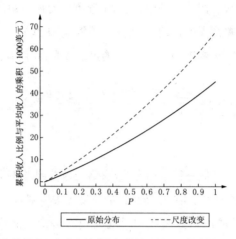

图 2.5 收入的假设正态分布的分位数函数及其尺度改变的广义洛伦兹曲线

第 4 节 ｜ 小结

　　本章扼要地介绍了测量和分析不平等的四类基本工具，从适用于所研究属性的最为基础的概率密度函数工具开始讲起。许多研究者以查看属性的概率分布的形状作为其经验研究工作的第一步。概率分布的中心矩——均值、方差、偏态和峰态——刻画了该分布的中心位置、尺度和形状的特征，这些也为研究者广泛使用。累积分布函数是第二类工具，表示概率密度函数下方的面积。累积分布函数的逆函数是分位数函数，这是我们的第三类工具。最后，第四类工具——洛伦兹曲线——被作为分位数函数的一个自然扩展而加以介绍，因为洛伦兹曲线表示分位数函数下方标准化的面积。广义洛伦兹曲线用于应对常规洛伦兹曲线的尺度无关性。

　　适用于不平等研究的四类基本工具的核心要素是位置、尺度和形状改变，我们借助这些要素建立此处所讨论的四类基本工具之间的相互关系。此种相互关系有助于我们将下一章要介绍的各种概要不平等测量联系起来并进行比较。

第**3**章

概要不平等测量

本章将介绍一套适用于资源或福利的连续、非负测量的概要不平等测量，它们来自大量的不平等文献，特别是考维尔的著作(Cowell，2000)。我们选取变异系数、基尼系数和泰尔不平等指数等被广泛使用的测量以及基于分位数的测量、阿特金森族指数、广义熵指数族等不常被使用的测量。我们使用第 2 章中的假设例子来对每一个测量加以说明，从而以位置、尺度和形状改变的方式来阐明一个不平等测量变化的分析性特征。然后，我们使用取自"收入和项目参与调查"的1991 年和 2001 年的数据，展示了真实世界中的不平等随时间变动而具有组合解释。我们用 Stata 中的软件包"ine-qual7"①来得到各种概要不平等测量(Van Kerm，2001)。

①　注意，数字 7 前面是字母"al"。——译者注

第 1 节 | 概要不平等测量

我们考虑选取在经验工作中常被使用，或是具有特定优势的测量。我们通过将概要不平等测量与隐含着的概率分布及其分位数函数、洛伦兹曲线、社会福利函数和信息理论联系起来而加以介绍。

将不平等测量与概率分布联系起来

最简单的不平等测量可以直接根据已排序的个体收入而得到。收入的范围可被表达成最小收入到最大收入的距离，即极差 R：

$$R = y_{max} - y_{min} \qquad [3.1]$$

如果我们知道整个人口的收入，极差就会有效地描述分布的完整范围。表 3.1 的第 1 行给出了收入的假设对称分布及其四种改变分布的极差。原始分布的极差为 86000 美元，纯粹的位置改变并未改变原始极差。如表 3.1 所示，尺度改变和右偏改变都扩大了此范围，而左偏改变则缩小了此范围。使用取自 SIPP 的真实数据，表 3.2 的第 1 行表明，1991 年的收入极差为 467000 美元，2001 年扩大到728000 美元，这反映了美国收入分布的尺度和形状变化。

表 3.1　五个假设的收入分布的不平等测量

不平等测量	原始分布	位置移动	尺度改变	右偏改变	左偏改变
与概率分布相联系					
1　R（极差）(1000 美元)	86	86	128	175	68
2　$\sqrt{V}$（标准差）(1000 美元)	10.1	10.1	15.2	29.4	6.4
3　c（变异系数）	0.207	0.172	0.207	0.385	0.148
4　v（方差对数）	0.049	0.032	0.049	0.178	0.026
5　v_1（对数的方差）	0.049	0.032	0.049	0.172	0.026
基于分位数函数和洛伦兹曲线					
6　$p5/p50$（分位数比）	0.662	0.720	0.662	0.464	0.728
7　$p95/p50$（分位数比）	1.343	1.284	1.343	1.754	1.208
8　底部 1/5 的份额	0.142	0.152	0.142	0.101	0.1566
9　顶部 1/5 的份额	0.258	0.248	0.258	0.315	0.238
10　G（基尼系数）	0.117	0.097	0.117	0.219	0.081
根据社会福利函数推导					
11　$A^{1/2}$（阿特金森指数，$\varepsilon=1/2$）	0.011	0.007	0.011	0.038	0.006
12　A_1（阿特金森指数，$\varepsilon=1$）	0.023	0.015	0.023	0.077	0.012
13　A_2（阿特金森指数，$\varepsilon=2$）	0.048	0.032	0.048	0.158	0.026
根据信息理论得到					
14　T（泰尔不平等指数）GE_1（广义熵 $\theta=1$）	0.022	0.015	0.022	0.075	0.011
15　GE_0（广义熵 $\theta=0$）	0.023	0.016	0.023	0.080	0.012
16　GE_{-1}（广义熵 $\theta=-1$）	0.025	0.016	0.025	0.094	0.013
17　GE_2（广义熵 $\theta=2$）	0.021	0.015	0.021	0.074	0.011

表 3.2 家庭户收入的不平等测量:SIPP(1991 年和 2001 年)

	不平等测量	1991 年	2001 年
	与概率分布相联系		
1	R(极差)(1000 美元)	467	728
2	$\sqrt{V}$(标准差)(1000 美元)	35.8	45.3
3	c(变异系数)	0.738	0.900
4	v(对数方差)	0.790	0.969
5	v_1(对数的方差)	0.707	0.846
	基于分位数函数和洛伦兹曲线		
6	$p5/p50$(分位数比)	0.194	0.190
7	$p95/p50$(分位数比)	2.866	3.232
8	底部 1/5 的份额	0.048	0.043
9	顶部 1/5 的份额	0.430	0.466
10	G(基尼系数)	0.385	0.424
	根据社会福利函数推导		
11	$A^{1/2}$(阿特金森指数,$\varepsilon = 1/2$)	0.123	0.149
12	A_1(阿特金森指数,$\varepsilon = 1$)	0.251	0.294
13	A_2(阿特金森指数,$\varepsilon = 2$)	0.734	0.875
	根据信息理论得到		
14	T(泰尔不平等指数)GE_1(广义熵 $\theta=1$)	0.244	0.310
15	GE_0(广义熵 $\theta = 0$)	0.288	0.349
16	GE_{-1}(广义熵 $\theta = -1$)	1.378	3.512
17	GE_2(广义熵 $\theta = 2$)	0.272	0.405

资料来源:SIPP。

但是,极差对人口中每个人应答上的不完整信息非常敏感,它可能会受到少数极值的极大影响。不过,保密性原因使得顶部编码收入成为一种常见的做法,这实际上会掩盖收入的极差。一个更普及的离散度测量是分布的二阶中心矩,即方差 V:

$$V = \frac{1}{n} \sum_{i=1}^{n} (y_i - \bar{y})^2 \qquad [3.2]$$

如果每个人都得到一个固定百分比的增量,那么收入的方差将会增大。比如,每个人收入固定增加 50% 将使得方差增加 $1.50^2 = 2.25$ 倍[4],尽管收入分布的形状仍保持不变。表 3.1 的第 2 行显示,尺度改变 1.5 情况下的标准差(方差的平方根)为原始分布标准差的 1.5 倍。右偏改变使标准差增大近三倍,而左偏改变则使标准差减小约 40%。表 3.2 的第 2 行表明,收入的标准差从 1991 年的 3.58 万美元增大到 2001 年的 4.53 万美元。

如果想在不受收入数量影响的情况下对收入分布进行比较,那么我们可以将标准差(方差的平方根)除以均值得到变异系数 c:

$$c = \frac{\sqrt{V}}{\bar{y}} \qquad [3.3]$$

此测量对收入上一个固定的百分比变化不敏感,即被称作"尺度无关性"。[5]表 3.1 的第 3 行显示,原始分布和尺度改变分布的 c 仍为 0.207。不过,它在经过纯粹正的位置改变(0.172)和左偏改变(0.148)之后减小了,在经过右偏改变之后反而增大了(0.385)。因此,变异系数描述了位置和偏态改变而非尺度改变。在表 3.2 的第 3 行中,1991 年到 2001 年从 0.738 增大到 0.900 表明美国收入分布的中心位置以及右偏态上的增大。

除了方差之外,我们也可以用对数方差来测量不平等:

$$v = \frac{1}{n} \sum_{i=1}^{n} \left(\log\left(\frac{y_i}{\bar{y}}\right) \right)^2 = \frac{1}{n} \sum_{i=1}^{n} \left(\log y_i - \log \bar{y} \right)^2 \qquad [3.4]$$

　　由于对数据进行了对数转换,此测量对于减少严重右偏态分布可能很有用。术语"方差"有误导性,因为在方程 3.4 中,离差平方的平均值并不是关于对数转换数据的均值 $\overline{\log(y)}$ 的,而是关于均值的对数 $\log(\bar{y})$ 的。这一测量仍然具有尺度无关的性质。每个人收入上 50% 的增量并不会影响到量 v。

　　由于上面提到的原因,统计上更为自然的是定义对数的方差 v_1,也就是说,我们计算对数转换数据的方差。[6] 这一测量具有与对数方差相类似的形式,除了它以几何均值 y^* 代替算术均值 $\bar{y}$ 之外:

$$v_1 = \frac{1}{n}\sum_{i=1}^{n}\left(\log\left(\frac{y_i}{y^*}\right)\right)^2 = \frac{1}{n}\sum_{i=1}^{n}\left(\log y_i - \overline{\log(y)}\right)^2$$

$$[3.5]$$

　　尺度无关性质也可以直接看到。如果我们以 cy_i 代替 y^*,那么 $\log(cy_i) = \log(c) + \log(y_i)$,同时,$\overline{\log(cy)} = \log(c) + \overline{\log(y)}$,因此,

$$\frac{1}{n}\sum_{i=1}^{n}\left(\log(cy_i) - \overline{\log(cy)}\right)^2$$
$$= \frac{1}{n}\sum_{i=1}^{n}\left(\log(c) + \log(y_i) - \log(c) - \overline{\log(y)}\right)^2$$

因此,我们可以消去 $\log(c)$ 项,又得到了原初的 v_1。所以,对全部人口的收入增加一个固定百分比并不会影响对数的方差的值。v 和 v_1 两者都是尺度无关的,它们之间的恰当选择取决于函数转换(这里为对数)在特定研究中是否重要。不过,由于上面提到的原因,我们偏好 v_1。

　　收入对称分布及其四种改变分布的对数方差 v 如表 3.1

第 4 行所示。对称收入的 v 为 0.049,尺度改变后该值并未被改变。正的位置改变实际上会提高均值以下收入的比值 $y_i/\bar{y}$ 而降低均值以上收入的该比值,因此,v 值下降为0.032。左偏改变也会以类似但更强烈的方式改变比值 $y_i/\bar{y}$,v 降低到 0.026。相反,右偏改变以相反方向改变比值 $y_i/\bar{y}$,v 升高到 0.178。随着因位置和形状都改变而导致对数方差从 0.790 上升到 0.969(见表 3.2 第 4 行),美国家庭户收入变得更加不平等。

表 3.1 和表 3.2 第 5 行显示,尽管对数的方差 v_1 与对数方差 v 大体相似,但 v 往往略大于 v_1,分布越是右偏或左偏,差异就越大。

基于分位数函数和洛伦兹曲线的不平等测量

收入分布的分位数经常被用于收入不平等的官方统计和经济学分析。比如,收入分布底部 1/5 和顶部 1/5 之间的比较会呈现出不均匀的收入分布。非中心分位数与中位数的分位数比的变化,经常被用来显示收入分布或财富分布形状的变化趋势。

底部敏感的分位数比值为 $p5/p50$,而顶部敏感的分位数比为 $p95/p50$。表 3.1 第 6 行和第 7 行表明,分位数比在尺度改变后仍未发生变化,但对位置改变、右偏改变和左偏改变敏感。比如,随着 $p5/p50$ 上升而 $p95/p50$ 下降,正的位置改变会减少不平等。表 3.2 第 6 行和第 7 行显示,$p5/p50$ 之比在 1991 年(0.194)和 2001 年(0.190)之间其实并无改变,而 $p95/p50$ 从 2.866 猛增至 3.232。这些结果意味着,美国收入分布出现了下端停滞和上端扩大的现象。

　　基于分位数的不平等测量更为灵活。研究者可以根据关注的主题来决定哪些分位数更有意义。比如,如果想通过对中产阶级的关注来了解收入分配的时间趋势,那么,我们可以选择 $p25$ 和 $p75$。另一个例子是教育成就趋势,教育专家经常根据标准化测验分数来界定成就的类别。根据 2001 年的"美国全国教育发展评估"(National Assessment of Educational Progress),八年级学生科学测验分数的初级成就水平是 143 分,为美国全国科学测验分数分布的第 39 个分位数($p39$)。熟练水平(170 分)和高级水平(208 分)分别为测验分数分布的第 69 个分位数和第 97 个分位数。使用不同时间点上这些特意选取的分位数而不是任意的分位数,为我们提供了监测成就变化趋势的一种合理方法。同时,这一灵活性也意味着,我们并没有一个基于分位数的唯一测量。

　　有关收入不平等的官方统计会用到收入"份额"的概念。比如,美国普查局报告说,2007 年工资收入最高的 1％ 的人拥有总收入的 23％,达到了自 1913 年以来最高的不平等水平。收入份额就是处在收入的某一特定分位数区间的个体或家庭户的总收入所占的比例。比如,我们也许会问:"收入最高的 10％ 的总人数其收入所占的比例是多少?"

　　对于洛伦兹曲线,

$$L(s/n) = \frac{\sum_{i=1}^{s} y_{(i)}}{\sum_{i=1}^{n} y_i}$$

这就是最低收入的 s 名个体的收入所占比例。因此,点 $p(p = s/n)$ 处的洛伦兹曲线直接给出了底部 $100p$％ 的个体或家庭户所拥有的收入份额,记为 $L(p)$。洛伦兹曲线也可以更间接地用于达到某一底部份额的情况。注意,具有最高收入的 s 名个体的收入所占的比例可写为:

$$\frac{\sum_{i=n-s+1}^{n} y_{(i)}}{\sum_{i=1}^{n} y_{(i)}} = \frac{\sum_{i=1}^{n} y_{(i)} - \sum_{i=1}^{n-s} y_{(i)}}{\sum_{i=1}^{n} y_{(i)}} = 1 - \frac{\sum_{i=1}^{n-s} y_{(i)}}{\sum_{i=1}^{n} y_{(i)}}$$

即 $1-L\big((n-s)/n\big)=1-L\big(1-(s/n)\big)$。因此,一般而言,最高 $100p\%$ 的个体或家庭户所拥有的份额由 $1-L(1-p)$ 给出。

要想得到中间份额,即收入位于两个分位数之间的个体——如 $100p_{\mathrm{L}}\%$ 和 $100p_{\mathrm{U}}\%$ 的个体——的总收入所占的比例,我们就取上限份额和下限份额之间的差值 $L(p_{\mathrm{U}})-L(p_{\mathrm{L}})$。

表 3.1 第 8 行和第 9 行给出了五个分布的底部和顶部 $1/5$ 的份额。考察底部 $1/5$ 的收入份额实际多大程度上小于顶部 $1/5$ 的收入份额,为我们提供了一种感知不平等程度的直觉方法。1991 年到 2001 年的 10 年期间,底部五分位数的收入份额停滞在 0.048 到 0.043 之间,而顶部 $1/5$ 的收入份额则从 0.43 增加到了 0.47(见表 3.2 第 8 行和第 9 行)。洛伦兹曲线可被用来查看各种分位数(不只是五分位数),以测量不平等。分位数比和份额都具有尺度无关的性质。

洛伦兹曲线在时间上的变化并不总是反映不平等随时间变化的清晰模式。当两个时期的洛伦兹曲线相交时,我们就不能认为某个时期比另一个时期更不平等。我们将在第 5 章中对洛伦兹曲线的相交进行更详细的讨论。

基于分位数和基于份额的不平等测量的灵活性吸引着许多研究者和读者。然而,这一灵活性是有一定的代价的,即概要数据的量会变得很大。这就需要研究者根据特定的研究背景来选取适用于整个收入分布的一套灵活的测量或一个概要测量。

基尼系数 G 可以直接根据洛伦兹曲线加以界定，且具有简单的图形表达。既然完全平等情况下的洛伦兹曲线以对角线表示，且洛伦兹曲线总是位于对角线处或其下，那么，我们就可以通过计算对角线下方到洛伦兹曲线上方之间的面积来测得该曲线到平等的距离。两个面积的差值乘以一个因数 2，就得出一个取值范围为 0 到 1 的不平等测量。越大的基尼系数值对应着越高的不平等程度。

图 3.1 呈现了最小、最大和两个其他基尼系数 G 值所对应的四条不同的洛伦兹曲线。图 3.1(a)对应完全平等的情况，$G=0$，此时，每一个个体都得到相同份额的总收入。图 3.1(b)和图 3.1(c)对应一些个体具有比另一些个体更高收入的情形，其中，图 3.1(b)比图 3.1(c)更平等。图 3.1(d)中的洛伦兹曲线展示了不平等最极端的情形，即某个人拥有所有的收入而(其他) $n-1$ 个人根本没有收入，这时，基尼系数所测量的区域为单位正方形的整个右下三角，使得 $G=1$。

各种等价的方程可用来计算基尼系数。令 $L(p)$ 表示特定比例 p 处的洛伦兹函数，我们可以将平等曲线（equality curve）和洛伦兹曲线之间的面积表达为平等线下方面积 A 和洛伦兹曲线下方面积 B 之间的差值。因此，表达基尼系数的一个方法是写出以下方程：

$$G = 2(A-B) = 2\left(\int_0^1 p\,dp - \int_0^1 L(p)\,dp\right)$$
$$= 2\int_0^1 \left[p - L(p)\right]dp \qquad [3.6a]$$

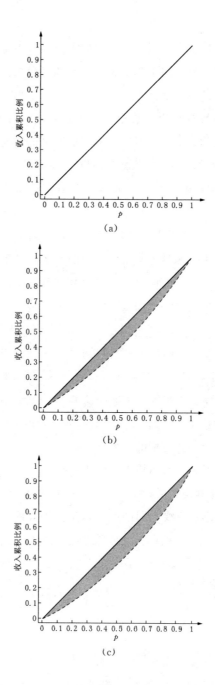

（a）

（b）

（c）

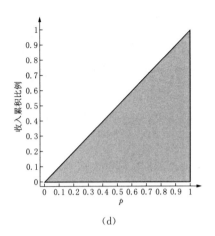

(d)

图 3.1 最小、最大和两个其他基尼系数值所对应的洛伦兹曲线

但是,以总体 y_1,$\cdots$,y_n 中所有可能收入对的差值形式来表达基尼系数方程也是可行的,即所有 $n(n-1)/2$ 个可能收入对之间平均差异的一半,并以平均收入加以标准化:

$$G = \frac{1}{2} \frac{\sum\limits_{1 \leqslant j < i \leqslant n}^{n} |y_i - y_j| \big/ \big(n(n-1)/2\big)}{\bar{y}} = \frac{\sum\limits_{1 \leqslant j < i \leqslant n}^{n} |y_i - y_j|}{n(n-1)\bar{y}}$$

[3.6b]

这个方程清楚地表明基尼系数的最小值为 0,此时,每个人具有相同份额的总收入。另外,当一个人具有全部收入时,取得最大值 1,所以 G 的取值范围为 [0,1]。

表 3.1 第 10 行显示,收入的对称分布的基尼系数为 0.117。在第 2 列中,G 在纯粹位置移动的情况下有所下降 (0.097)。G 是尺度无关的,因为它基于本身就是尺度无关的洛伦兹曲线,如第 2 章中所指出的那样。尺度无关性根据方程 3.6b 也看得很清楚,因为平均收入 $\bar{y}$ 出现在分母中。左偏

变化将 G 减小到0.081,而右偏变化则将 G 增大为0.219。美国收入的 G 从 1991 年的 0.385 上升到 2001 年的 0.424,反映了位置和形状改变(尽管不是尺度改变)。

根据社会福利函数推导得到的不平等测量

现在,我们介绍如何使用社会福利函数来得到不平等测量。根据阿特金森的研究,一个由 n 名个体组成的社会的收入成分可被合并成一个 n 维排列 $(y_1, \cdots, y_n)$,其中,y_i 表示第 i 名个体的收入水平。社会福利函数是将一个值 $W(y_1, \cdots, y_n)$ 赋予每一个可能的收入 n 维排列的函数,这个值代表了该社会在取得特定的收入 n 维排列情况下的集体福利。因此,如果 $W(y_1, \cdots, y_n) \geqslant W(\tilde{y}_1, \cdots, \tilde{y}_n)$,那么,对于该社会全体而言,$(y_1, \cdots, y_n)$ 就被认为是比 $(\tilde{y}_1, \cdots, \tilde{y}_n)$ 更可取的。

社会福利函数的性质可被用来反映社会性的平等和公平目标(Deaton,1997)。比如,我们可以对社会福利函数强加这样一个属性,即更平等的分配被认为优于更不平等的分配,因此,在一个社会的总收入保持不变的情况下,社会福利在收入被平等分配时达到最高。同样,我们也可以构造一个社会福利函数,使得社会福利在每当任意一名个体变富而并没有人变穷的情况下(帕累托改进)都会增加,这个性质被称作"公平偏好"。

为简单起见,社会福利函数被都假定是个体效用的一个合计,因此,它有一个简单的加法形式 $W(y_1, \cdots, y_n) = \sum_{i=1}^{n} U(y_i)$。这里,$U$ 是一个函数,意在反映每一个将其与一个特定收入水平联系起来的效用,也被称作"社会效用函数"。此函数被假定对于所有的个体而言都是相同的。我们将把注意力集中在以这一方式构建的社会福利函数上,U在这里被假定是单调非减的和凹形的。这些假定都是情理之中的:单调性确保公平偏好性质得以维持;凹形假定是个常见的假定,相当于边际效用递减假定。

在这些假定之下,社会福利函数呈凹形,意味着与两个收入 n 维排列的加权平均值相对应的社会福利,至少和与每个排列相联系的社会福利的加权平均值一样大。在一个富人和一个穷人之间进行简单的收入转移时,只要这两人之间的秩仍未改变,就符合社会福利不减少。这就是最初由道尔顿提出的"转移性原则"(Dalton,1920),我们将在第 4 章中进一步讨论。

一旦确立了社会福利函数的具体形式,就有可能引入基于"平等分配的等值收入"这一概念的不平等测量。这被定义成每一个体所得到的收入 y^* 会将社会福利提高到与实际相同的水平,即 $W(y^*, \cdots, y^*) = W(y_1, \cdots, y_n)$ 的解,或者 $U(y^*) = \dfrac{1}{n} \sum_{i=1}^{n} U(y_i)$ 的解。在对社会效用函数 U 进行仿射变换①的情况下,平等分配的等值收入是恒定的,这意味着,如果我们通过选取常数 $a(a > 0)$ 和 b 对社会效用函数 U 得到 $\tilde{U}(y) = aU(y) + b$ 来定义一个新的社会效用函数 $\tilde{U}$,那么,y^* 对 U 和 $\tilde{U}$ 两者而言是相同的。

在上述假定之下,我们有 $W(y^*, \cdots, y^*) \leqslant W(\bar{y}, \cdots,$

---

① 仿射变换是一种二维坐标到二维坐标之间的线性变换。这种转换可保持二维图形的"平直性"。——译者注

$\bar{y}$），因此 $y^* \leqslant \bar{y}$，也就是说，平等分配的收入并不会大于平均收入。从社会福利的角度看，通过平等分配可得的收入会使社会变得更富裕。那么，比值 $y^*/\bar{y}$ 可被视为一个平等测量。如果此比值接近 1，那么，社会就可以重新平等地分配其所有可得的收入，并大致得到相同水平的社会福利。如果此比值为 40%，那么，社会可以通过将总收入的现值减少 40% 并平等地将其分配来实现完全平等。平等分配所有收入并实现相同的社会福利所需要的收入减少越少，社会就越接近平等。阿特金森介绍了使用量 $1-y^*/\bar{y}$ 来测量不平等的思路。这个量也取 0 到 1 之间的值，其中，0 表示完全平等。值越大表明越不平等，但这取决于社会效用函数，该值不可能为 1。

经效用函数仿射转换得到的 y^* 的不变性性质，直接使得相应的不平等测量具有相同的性质。这很有吸引力，因为通过尺度改变或变化来调整社会效用函数不应对不平等测量造成影响。最后一个强加给我们的不平等测量的关键性质就是收入尺度无关性，即如果对于一个正的常量 c，以 $(cy_1,\cdots,cy_n)$ 来取代收入的 n 维排列，那么，不平等的水平不应被改变。当我们将这一条件强加给不平等测量时，社会效用函数的可能情形就被减少成一组形式为 $U(y)=y^c$ 或 $U(y)=\log(y)$ 的社会效用函数的仿射转换，这里，c 为某个小于或等于 1 的数值。我们习惯上用参数 $\varepsilon=1-c$ 而不是 c 来表达使用仿射转换形式 $U_\varepsilon(y)=\left(y^{1-\varepsilon}-1\right)/(1-\varepsilon)$ 的社会效用函数族，这里，ε 被限定为非负数。请注意，$\varepsilon=1$ 的情形在上述定义中未被明确定义，但是，随着 $\varepsilon \to 1$[7]，这一规则使我们能够将 $U(y)=\log(y)$ 作为这一族的极限情形，因此,我们用符号 $U_1(y)$ 来表示这一特殊情形。请注意,对于 $\varepsilon \geqslant 1$,$U_\varepsilon(0)$ 的值并未被明确定义,但这种情形确实落入极限,随着 y 趋近于 0,$U_\varepsilon(y)$ 的值趋近于 $-\infty$,因此,如果任何单个的个体都没有收入,那么社会可被视为正处在一个极其危险的状态之中。既然一些人没有收入可以是一个经常发生的事情,那么,这一取值范围上 ε 值的使用可以被证明是成问题的。

我们已经得到了具有若干可取性质的社会福利函数族:

$$W_\varepsilon = \frac{1}{n} \sum_{i=1}^{n} \frac{y_i^{1-\varepsilon} - 1}{1-\varepsilon}$$

这里,参数 ε 的值为非负数,同时,我们将 W_1 理解成 $\frac{1}{n} \sum_{i=1}^{n} \log(y_i)$。参数 ε 被定义为不平等厌恶参数,读者很快就会明白这么定义的理由。这一参数的选择意在反映作为整体的社会行为。一旦确定了不平等厌恶参数的选择,通过求解方程 $U_\varepsilon(y^*) = \frac{1}{n} \sum_{i=1}^{n} U_\varepsilon(y_i)$,就可以简单而直接地得到平等分配的等值收入,同时得到解 $y^* = \left(\frac{1}{n} \sum_{i=1}^{n} y_i^{1-\varepsilon} \right)^{1/(1-\varepsilon)}$。

这里应当强调的是,每选取一个不平等厌恶参数 ε,都会得到一个不同的 y^* 值,因此,为了避免混淆,我们可以用符号 $y^*(\varepsilon)$ 来表示这个量。当 $\varepsilon = 0$ 时,平等分配的等值收入为平均收入 $\bar{y}$,恰好与社会福利价值相符。因此,对于那些较小的不平等厌恶参数取值,任何不改变总收入的收入不平等都对社会福利具有最小的影响。对于 ε 等于 1 时这一特例,我们会得到几何均值 $y^*(1) = \left(\prod_{i=1}^{n} y_i \right)^{1/n}$。推导(见发布在作者网站上的第 3 章附录 A)表明,随着不平等厌恶参数 ε 的上升,平等分配的等值收入 $y^*(\varepsilon)$ 会下降。如果单个个体的收入为 0 且 $\varepsilon > 1$,那么, $y_i^{1-\varepsilon}$ 上的指数就是负的[①],同时,我们可以将 $y^*(\varepsilon)$ 的表达式解释为 0,尽管这是在将收入向量视为包含所有正值的收入向量序列的一个极限的情况下取得的值。

此时,对于 $\varepsilon \geqslant 0$ 的每一个可能取值,我们可以介绍阿特金森不平等指数族 A_ε,它们是与所考虑的社会效用函数的具体形式相联系的阿特金森测量。这些测量可以根据 $y^*(\varepsilon)$ 的表达式直接得到,并写成以下形式:

$$A_\varepsilon(y_1, \cdots, y_n) = 1 - y^*(\varepsilon)/\bar{y} = 1 - \left[\frac{1}{n} \sum_{i=1}^{n} \left(\frac{y_i}{\bar{y}} \right)^{1-\varepsilon} \right]^{\frac{1}{1-\varepsilon}}$$

[3.7]

这里, $\varepsilon \neq 1$,而在 $\varepsilon = 1$ 的特殊情况下,我们有:

$$A_1(y_1, \cdots, y_n) = 1 - \left(\prod_{i=1}^{n} (y_i/\bar{y}) \right)^{1/n}$$

现在, ε 为什么会被定义成不平等厌恶参数就变得很清楚了。在阿特金森的方法中,被定义成 $1 - y^*(\varepsilon)/\bar{y}$ 的不平等会随着参数 ε 的上升而增大。如果 ε 非常接近于 0,那么,无论收入被如何分配,阿特金森指数都会取一个接近于 0 的数值,同时,社会可被描述成对收入不平等漠不关心。对于两个具有完全相同的收入分配的不同社会,第一个社会具有参数 ε_1 而第二个社会具有参数 ε_2,且 $\varepsilon_1 < \varepsilon_2$,那么,第二个社会将会被认为其不平等更严重,且可被描述成更厌恶不平等差异。

———————

① 即此时 $1-\varepsilon$ 小于 0。——译者注

考虑阿特金森指数的可能取值范围很重要。在下端，当收入在整个人口中被平等分配时，对于所有的 i，有 $y_i = \bar{y}$，同时，所有的阿特金森指数都取 0 值；在上端，指数不能超过 1。对于 $\varepsilon < 1$，当某一个体拥有所有的收入时，就出现了最大的不平等，同时，我们得到 $A_\varepsilon = 1 - n^{-\varepsilon/(1-\varepsilon)}$。如果 n 较大且 ε 不很接近于 0，那么，这一数值将接近于 1。如果 $\varepsilon \geqslant 1$，可使 A_ε 接近于由某一个体得到了几乎所有的收入而其余人口则分享剩下部分的收入的向量所要求的取值。

表 3.1 第 11 行记录了 $A^{1/2}$ 的值。对于收入的对称分布，该值为 0.011，它在尺度改变之后仍然相同。正的位置改变实际上提高了均值以下收入的比值 $y_i/\bar{y}$，而降低了均值以上收入的该比值，因此降低了由阿特金森指数 (0.007) 所测得的不平等。同样，左偏改变也改变了比值 $y_i/\bar{y}$，将 $A^{1/2}$ 减小到 0.006。相比而言，右偏改变也改变了比值 $y_i/\bar{y}$，并将 $A^{1/2}$ 增大到 0.038。提高不平等厌恶会带来更大的不平等，如表 3.1 第 12 行和第 13 行所示，其中，ε 从 $\varepsilon = 1$ 到 $\varepsilon = 2$ 的加倍导致不平等也提高了两倍多。表 3.2 第 11 行到第 13 行中取自 SIPP 的真实数据显示，$A^{1/2}$ 从 1991 年的 0.123 上升到 2001 年的 0.149。对于这两年而言，A_2 的值几乎是 A_1 的值的三倍。

根据信息理论发展得到的不平等测量

熵

信息理论使用被称作"信息熵"或"香农熵"的测量来量化概率分布（或随机变量）的随机度。术语"熵"表达了不确定性。如果我们考虑一个实验,其中的一个随机变量能够以概率 p_1, …, p_n 取 n 个可能值之一,那么,与该分布相联系的熵被定义为:

$$H(p_1, \cdots, p_n) = -\sum_{i=1}^{n} p_i \log_2(p_i)$$

请注意,定义熵时,简单地以 2 作为对数的底。我们可以用任意的底数来定义熵,它只具有将全部熵都乘以一个常数因数的效果,也就是说,如果我们转而使用自然对数,那么以上定义的所有熵都被乘以 $\log(2)$。如果某一结果是确定的,因此对于某一个 i,有 $p_i = 1$(使所有其他概率都为 0),那么,此处的熵就为 0。[8]

最简单的例子也许就是投硬币实验的情况。这里,有两个可能的结果,每一个结果出现的概率为 1/2,使得熵为:

$$H(1/2, 1/2) = -\frac{1}{2}\log_2(1/2) - \frac{1}{2}\log_2(1/2) = 1$$

这个例子解释了为什么我们以 2 作为对数的底。熵被视为对实验中的信息进行编码所需要的字节数。此处,包含两个可能结果的实验结果只需要一个字节。我们可以认为,熵是在测量以投掷硬币作为基本单位的分布的随机性。更一般地说,我们可以考虑一个两类结果的实验,其中,结果出现的概率为 p 和 $1-p$,这里,p 为 0 到 1 之间的任意数字。此实验被定义为伯努利试验。此处的熵由下式给出:

$$H(p, 1-p) = -p\log_2(p) - (1-p)\log_2(1-p)$$
$$= -\log_2\left(p^p(1-p)^{1-p}\right)$$

这个熵用图形表示,很像一个倒过来的、对称的抛物线。

凭直觉,对于投掷一枚分布不均匀的硬币的情况,当正面朝上的概率为 1/2 时,熵(不确定)会达到最大。

如果 X 是一个以概率 p_1, $\cdots$, p_n 取 n 个可能值的随机变量,那么,我们可以将 $H(p_1, \cdots, p_n)$ 定义为 X 的熵,并将其记为 $H(X)$。熵只取决于实验中各类结果出现的概率,指派给这些结果的特定标签本身并无任何影响。因此,与结果出现的概率为 p_1, $\cdots$, p_n 的实验相对应的熵并不会受到对结果(因此也是概率)进行重新排序的影响。

熵有很多重要的性质,我们在这里介绍其中的一些。一个关键的性质是独立条件下的可加性。我们来考虑两个实验:在第一个实验中,我们观测到一个熵为 $H(X)$ 的随机变量 X,在第二个实验中,我们观测到熵为 $H(Y)$ 的 Y。那么,在 X 和 Y 相互独立的情况下观察到 (X, Y) 对的组合实验中,(X, Y) 对的熵为各熵之和:

$$H(X, Y) = H(X) + H(Y)$$

为了领会这一点,设想 X 以概率 p_1, $\cdots$, p_m 来取得值 1, $\cdots$, m,Y 以概率 q_1, $\cdots$, q_n 来取得值 1, $\cdots$, n,那么,(X, Y) 对就以概率 $p_i q_j$ 取得值 (i, j)。因此,对应此组合实验的熵由下式给出:

$$
\begin{aligned}
H &= -\sum_{i,j} p_i q_j \log(p_i q_j) = -\sum_{i,j} p_i q_j \left(\log(p_i) + \log(q_j) \right) \\
&= -\sum_i \sum_j p_i q_j \log(p_i) + -\sum_j \sum_i p_i q_j \log(q_j) \\
&= -\sum_i p_i \log(p_i) \sum_j q_j + -\sum_j q_j \log(q_j) \sum_i p_i \\
&= -\sum_i p_i \log(p_i) - \sum_j q_j \log(q_j) = H(X) + H(Y)
\end{aligned}
$$

由于概率分布的熵是在不管有多少个结果的条件下定

义的,因此,我们需要理解不同数量结果的熵是如何相互联系的。比如,如果 H 是与概率 p_1, …, p_n 相对应的熵,且这些概率的其中之一 p_i 被分成了两部分,比如,$p_i = q_i + r_i$,那么熵会增加:

$$H(p_1, \cdots, p_{i-1}, q_i + r_i, p_{i+1}, \cdots, p_n)$$
$$\leqslant H(p_1, \cdots, p_{i-1}, q_i, r_i, p_{i+1}, \cdots, p_n)$$

此外,熵函数是凹性的[9],因此,对于一对概率分布 p_1, …, p_n 和 q_1, …, q_n 以及一个常数 $\lambda \in [0, 1]$,我们有:

$$H\big(\lambda(p_1, \cdots, p_n) + (1-\lambda)(q_1, \cdots, q_n)\big)$$
$$\geqslant \lambda H(p_1, \cdots, p_n) + (1-\lambda)H(q_1, \cdots, q_n)$$

这一不等式有如下解释。以下概率的分布:

$$\lambda(p_1, \cdots, p_n) + (1-\lambda)(q_1, \cdots, q_n)$$
$$= (\lambda p_1 + (1-\lambda)q_1, \cdots, \lambda p_n + (1-\lambda)q_n)$$

可被看成是投掷一枚分布不均匀的硬币的同时,对 p_1, …, p_n 所界定的概率为 λ 的分布和 q_1, …, q_n 所界定的概率为 $1-\lambda$ 的分布进行抽样所得到的。这被定义为这两个分布的混合。那么,不平等表达的是两个分布的混合的熵至少与这两个分布各自的熵的相应混合一样大。

份额的熵

既然熵提供给我们一个概率单位在 n 个结果之间不均匀分配程度的量,那么,我们自然也可以用相同的思路来量化总收入在某一人口中不均匀分布的程度。假定人口中个

体的收入为 y_1, …, y_n，因此，个体 i 的收入份额为 $s_i = y_i/n\bar{y}$，且这些份额相加等于 1，即 $\sum_{i=1}^{n} s_i = 1$。我们将这些份额当成概率来处理，将量 $H = -\sum_{i=1}^{n} s_i \log(s_i)$ 定义成一个收入不平等测量（请注意，这里我们使用了自然对数）。

基于熵的不平等测量

介绍基尼系数时，我们测量了洛伦兹曲线和平等线（它对应于完全平等的情形）之间的面积。采用类似的方式，我们可以计算在每个人获得相同收入份额这一完全平等的情况下，得到的熵与实际收入份额情况下的熵之间的差。所得的测量被定义为"泰尔不平等指数"：

$$T = H(1/n, \cdots, 1/n) - H(s_1, \cdots, s_n)$$

$$= -\sum_{i=1}^{n} \frac{1}{n} \log\left(\frac{1}{n}\right) + \sum_{i=1}^{n} s_i \log(s_i) \qquad [3.8\text{a}]$$

$$T = \sum_{i=1}^{n} s_i \left[\log(s_i) - \log\left(\frac{1}{n}\right) \right] \qquad [3.8\text{b}]$$

$$T = \frac{1}{n} \sum_{i=1}^{n} \frac{y_i}{\bar{y}} \left[\log\left(\frac{y_i}{\bar{y}}\right) \right] \qquad [3.8\text{c}]$$

该指数的这三个表达式是等价的。[10]方程 3.8c 表明，收入与平均收入的比值 $y_i/\bar{y}$ 是隐含在该定义中的基本元素。与在对数方差和阿特金森指数中的情形一样，收入比确保了泰尔不平等指数是尺度无关的。

既然泰尔不平等指数是完全平等情况下的熵减去实际测得的熵，那么其取值就位于区间 $[0, \log(n)]$ 上，其中，0 表明完全平等，而 $\log(n)$ 表明极其不平等（一个人拥有全部收入）。因此，尽管熵在所有概率都相等的情况下取得最大值，但这对应着泰尔不平等指数的最小值，此时，所有的收入份额都相同。

熵的凹函数性质直接带来泰尔不平等指数极具吸引力的一个性质。设想有两种政策，某个人口将依据它们来分配总收入。在第一种政策下，令分配比例为 $p_1, \cdots, p_n$；在第二种政策下，这些比例记为 $q_1, \cdots, q_n$。那么，在第一种政策下，个体 i 得到比例为 p_i 的总收入；而在第二种政策下，这一比例则为 q_i。现在，我们可以用这两个基本政策下的平均比例来定义一个新的分配政策，因此，个体 i 得到的收入比例为 $\frac{1}{2}(p_i + q_i)$。熵的凹函数性质会确保这一组合政策下的泰尔不平等指数不大于两种政策下各自的泰尔不平等指数的平均值：

$$T_{\text{组合政策}} \leqslant \frac{1}{2}(T_{\text{政策1}} + T_{\text{政策2}})$$

更一般而言，我们可以建构两种政策的加权平均值。取任一取值范围为 0 到 1 的常数，并按照政策 1 和政策 2 下所得份额的加权平均值，将收入分配给每一个个体，也就是说，个体 i 得到的收入份额为 $\lambda p_i + (1-\lambda)q_i$。熵的凹函数性质确保不平等的泰尔测量永远不大于这两种政策下，各个泰尔不平等测量的相应加权平均值：

$$T_{\text{组合政策}} \leqslant \lambda T_{\text{政策1}} + (1-\lambda)T_{\text{政策2}}。$$

表 3.1 第 13 行给出了收入对称分布及其 4 种改变分布的泰尔不平等指数。该指数在对称分布收入情形中取值为 0.022，与尺度改变分布情况下的值相同。该指数在正的位置改变和左偏改变之后降低，但在右偏改变之后却升高。同

样,表 3.2 第 13 行显示,泰尔不平等指数从 1991 年的 0.244 上升到 2001 年的 0.310。

以熵和泰尔不平等指数表示的收入份额的对数转换只是转换族中的一个例子。考维尔用下述熵更一般性的定义介绍了修正的信息理论测量族(Cowell,2000):

$$GE_\theta = \frac{1}{\theta^2 - \theta}\left[\frac{1}{n}\sum_{i=1}^{n}\left(\frac{y_i}{\bar{y}}\right)^\theta - 1\right] \qquad [3.9]$$

这里,θ 为敏感性参数,其取值可以是任意实数。θ 越是为正,该指数就越是对分布顶部的收入差异敏感,故被定义为"顶部敏感的"广义熵指数。同样,θ 越是为负,该指数就越是对分布底部的差异敏感,故被定义为"底部敏感的"广义熵指数。与泰尔不平等指数的情况一样,广义熵也是尺度无关的。

当 $\theta = 1$,$\theta = 0$ 或 $\theta = 2$ 时,根据方程 3.9 可以推导出一些特殊形式(请见发布在作者网站上的第 3 章附录 B)。当 $\theta = 1$ 时,我们会得到泰尔不平等指数:

$$GE_1 = \frac{1}{n}\sum_{i=1}^{n}\left(\frac{y_i}{\bar{y}}\right)\log\left(\frac{y_i}{\bar{y}}\right) = T \text{ ①}$$

当 $\theta = 0$ 时,我们有:

$$GE_0 = \frac{-1}{n}\sum_{i=1}^{n}\log\left(\frac{y_i}{\bar{y}}\right)$$

这被称作"平均对数离差"。当 $\theta = 2$ 时,我们得到 $GE_2 = c^2/2$,即变异系数平方的一半。θ 的其他特殊取值通常都与

---

① 此方程略有改动,去掉了原文方程等号左边字母 G 的标记 1。——译者注

熟悉的不平等测量有关联。当 $\theta = -1$ 时,广义熵与反向个体特性的均值相关。当 $0 < \theta < 1$ 时,广义熵与阿特金森指数具有常见的关系。对于阿特金森族中的每一个指数(以不平等厌恶参数来定义),广义熵族中都有一个等价指标。不过,由于 θ 可以取 $(0, 1)$ 区间之外的任意数值,所以,相反的情况并不成立。

表 3.1 第 13 行到第 17 行列出了广义熵的四种特殊情形。在第 14 行中,泰尔不平等指数与 $\theta = 1$ 时的 GE_1 相同。随着 θ 在第 14 行到第 16 行中从 1 下降到 0 和 -1,我们看到,收入对称分布及其四种改变分布的 GE_θ 值在不断上升。在第 17 行中,我们看到,GE_2 为变异系数平方的一半($c^2/2$)。广义熵在尺度变动后仍然相同。以广义熵测量的美国收入不平等显示在表 3.2 第 14 行到第 17 行中。请注意,广义熵的时间趋势必须用相同敏感参数 θ 加以考察。比如,与关注分布的中间部分的 $GE_1 = T$ 相比,底部敏感的 GE_{-1} 不但表明 1991 年和 2001 年的不平等程度更大,而且显示出这两年间不平等的扩大速度也更快。

广义熵测量具有很多有用的性质。但最重要的是,广义熵能足够灵活地以满足各类具体实质需要和符合不平等测量的所有基本原则的方式,来刻画不平等的特征。

第 2 节 ｜ 适用于含非正数取值变量的概要不平等测量

迄今为止,我们一直将收入或其他资源作为不包含负值和零值的情况来对待。许多经验研究都关注正值收入的分布,因为负数收入(比如,由于资本损失)或没有收入的人口比例通常非常小。经验研究工作中的做法是删除那些包含负值或零值的案例。对于以资产净值(总资产减去总负债)来衡量的财富而言,情况变得十分不同。没有正的总资产净值的家庭户的比例很大(根据 SIPP 数据,2001 年时为 17%)。比如,因助学贷款而产生的负资产净值源于生命周期差异。人们通过承担信用卡债务来均衡消费。房产市场泡沫和随后的危机能够大大降低一处房产相对于抵押贷款的价值,从而带来负的房产净值。金融市场危机可以大大缩减人们持有的股票与债券投资的价值。因此,总价值为负值或零值的家庭户太重要了,不能删除。

这里所回顾的不平等测量并不都能处理收入变量的负值或零值;使用对数函数的不平等测量不能处理非正数取值,除 GE_2 之外,阿特金森指数和广义熵族的一些测量也能处理非正数取值。方差、变异系数、基尼系数和基于分位数的测量都可以用来考察这些情形下的财富不平等。

根据 1991 年和 2001 年的 SIPP 财富数据,表 3.3 给出了可以处理负资产净值和零资产净值的不平等测量。负资产净值的家庭户比例为 8.4%,零资产净值的家庭户比例为 4.4%,这样,1991 年时没有正资产净值的家庭户比例共计为 12.8%。2001 年的相应数值分别为 12.9%、4.3% 和 17.1%。极差和标准差在这10 年间大大上升,反映出 2001 年资产净值上的分化要比 1991年大得多。变异系数从 1.73 上升到 8.84,主要反映了方差的增长(尽管以一个很小的因数对 c 进行调整的情况下的资产净值中位数达到了 6303 美元)。分位距 $p95$ 到 $p5$ 上升了几乎一半。请注意,$p5$ 是个负值,因为超过 5% 的家庭户在这两年中的资产净值是负的。我们没有用基于分位数的偏度,因为近 4% 的家庭户的资产净值为 0,这使得资产净值分布呈现出多峰样态。底部20% 的家庭户的资产净值之和在这两年都为负值(负资产净值之和大于正资产净值之和),导致 1991 年的份额为 −0.010,2001年的份额为 −0.018。顶部 20% 的家庭户的份额从 0.699 上升到0.766,基尼系数也从 0.700 上升到 0.769。

表 3.3　家庭户资产净值的不平等测量:SIPP(1991 年和 2001 年)

	不平等测量	1991 年	2001 年
	与概率分布相联系		
1	R(极差)(1000 美元)	6850	221977
2	$\sqrt{V}$(标准差)(1000 美元)	200	1458
3	c(变异系数)	1.730	8.840
	基于分位数函数和洛伦兹曲线		
6	$p95/p50$(分位距)(1000 美元)	463	664
8	底部 1/5 的份额	−0.010	−0.018
9	顶部 1/5 的份额	0.699	0.766
10	G(基尼系数)	0.700	0.769
	负值的百分比	8.4	12.9
	零值的百分比	4.4	4.2
	中位数(美元)	45843	52146

资料来源:SIPP。

第 3 节 | 小结

　　本章介绍了一套选取的概要不平等测量。附录 2 中的表 A1 列出了每一个测量的名称和公式。通过以假设的和真实的例子进行示例说明，我们讨论了每一个测量背后的基本原理，并通过位置、尺度和形状改变将它们联系起来。具体研究中不平等测量的选择取决于一些原则，它们使得我们能在各方面对不平等测量进行比较。我们将会在下一章中讨论该问题。

第 **4** 章

不平等测量的选择

　　第 3 章中所讨论的一些概要不平等测量属于指数族,且每一族都涉及一个可以取许多值的参数。概要不平等测量数量众多,我们该如何选取一个或若干个满足具体研究需要的测量呢? 了解一个不平等测量是否满足具体研究所期望的某些原则是个好的开始。我们现在就开始讨论这些原则,包括弱转移原则、强转移原则、尺度无关性、人口无关原则和可分解性。我们将定义这些原则,解释为什么它们对于选择不平等测量而言是重要的,并检查第 3 章中所讨论的每一个不平等测量是否满足这些原则。本章也提供了适合这些原则的经验例子。在介绍了五个原则之后,我们会讨论选取对一个人口进行考察的不平等测量的理论和实际考量。最后,我们提出洛伦兹占优是对不同人口进行比较的一个首要指导准则。

第 1 节 ｜ **弱转移原则**

　　由道尔顿首次介绍的转移原则现在被称作"弱转移原则",该原则关注两个社会成员之间的一次收入转移之后社会福利的变化,如第 3 章中的讨论。我们设想以下情景:出现了收入从一个更穷的人向一个更富的人的转移,但这两个人相对于对方的总收入以及转移以后的秩都没有改变,也就是说,不到他们收入差值的一半被转移了。在其他情况相同的情况下,收入从更穷的人向更富的人的任意一次转移,都应当总是使得不平等测量上升(Sen,1973)。此原则被称为"庇古-道尔顿转移原则"。森(Sen)写道:

　　　　实际上,早在 1920 年时,休·道尔顿(Hugh Dalton)已经论证过,任一不平等测量必定具有这一对低限度的性质。既然道尔顿在这点上追随了他在此语境中所引用的庇古的指引,我们必须称之为"庇古-道尔顿条件"。

　　这一条件现在被称为"弱转移原则",它表达了在其他条件相同的情况下,收入从更富的人向更穷的人的转移会使不平等缓和。

第 3 章回顾的许多不平等测量都服从弱转移原则。正如第 3 章详细讨论过的,阿特金森指数族和一般性的熵测量族满足此原则。基尼系数 G 通常也等价于阿特金森指数(Sen,1976),故也满足此原则。

不过,对数方差 v 和方差的对数 v_1 并不总是服从弱转移原则。我们有可能阐明一些解释收入转移如何影响对数方差 v 的结果。这些结果取决于与收入分布的上尾部有关的某种条件,它表明,总体中的所有收入水平都不超过 $\bar{y}_e$,其中,$\bar{y}$ 表示总体均值,而 $e=2.71828$。这一条件说明,最高收入水平相对于平均收入而言,并不算太极端。对于收入或其他资源的右偏分布,最大值不到均值的三倍是少有的,这将使此条件得不到满足。在任何情况下,如果收入分布满足这一条件,那么,对于收入满足 $y_i < y_j$ 的任意一对个体 i 和 j,当我们将收入额 $\delta < \frac{1}{2}(y_i + y_j)$ 从个体 j 向个体 i 转移时,以 v 测量的不平等会下降。另一方面,当条件不满足时,对于其收入满足 $\bar{y}_e < y_i < y_j$ 的任意一对个体 i 和 j,收入额 $\delta < \frac{1}{2}(y_i + y_j)$ 从个体 j 向个体 i 的转移会使得以 v 测量的不平等上升。对数的方差 v_1 不满足弱转移原则的原因更为直观(Foster & Ok,1999)。因为转移被界定,以便不改变总收入,所以,大多数不平等测量(除了 v_1)中所使用的平均收入 $\bar{y}$ 也并未发生变化。但是,对数收入的均值在转移后发生了变化。如果对数收入的均值的变化超过了个体收入的变化,那么,v_1 也许在富人到穷人的收入转移后会上升。如果转移不处于极上尾部,这一条件也不可能碰巧出现。

比如,使用 SIPP 2001 年的数据,为了使对数方差 v 在从 y_j 到 y_i 的转移之后增加,我们在 $\bar{y}_e < y_i < y_j$ 的条件下,人

为地制造一次富人到穷人的收入转移。我们根据收入对家庭户进行排序，以识别出 1096(4%)个收入超过 $\bar{y}_e = 136822$ 美元的家庭户。然后，最高排序的家庭户将 290000 美元(这不到他们收入差值的一半)赠与顶部 4% 里最低排序的家庭户。转移之后，赠与者仍然比受赠者更富有。转移前，$v = 0.96850$，转移后，$v = 0.96854$，这表明尽管出现了富人到穷人的收入转移，但不平等却在加剧。同样，对数的方差也增加。同时，方差、变异系数、基尼系数、阿特金森指数和广义熵测量都下降。

基于分位数的不平等测量也可能不满足弱转移原则。收入处在界定测量的两个有关分位数之间的两个个体间的收入转移不应引发该测量的改变。使用上述顶部 4% 的富人到穷人收入转移的例子，我们发现，$p95$ 到 $p5$ 分位数距、中间 90% 家庭户的基于分位数的偏度、底部 1/5 的份额和顶部 1/5 的份额都仍相同，尽管顶部 4% 中出现了收入转移。虽然不满足弱转移原则，但基于分位数的测量却经常被用在政府统计和学术研究中。采用基于分位数的测量的主要优势在于，分位数不会受异常值或公用调查数据中经常用到的顶部编码的影响。在 $p95$ 到 $p5$ 分位数距的情况下，只要顶部编码位于 $p95$ 之上，该分位数距就不会受顶部编码的影响。反之，顶部编码确实会对包括顶部编码在内的所有数据点的概要不平等测量造成影响。

第 2 节｜强转移原则

尽管弱转移原则阐明了转移后的收入分配比转移前的收入分配更不平等，但它并没有告诉我们，当转移发生时，不平等变化的程度。要求间隔相同"距离"的两个个体间的一个固定的转移量带来同样多的不平等减少似乎是合理的。换言之，对于固定距离上的一次转移，所引起的不平等变化只取决于赠与者和受赠者的收入份额。因此，可以对以每一个指数包含的"收入份额之间距离"的形式，对不同指数进行比较。这就引出了强转移原则。要满足强转移原则，不平等测量需要满足弱转移原则。强转移原则说明，收入转移会缓解不平等，而且，不管赠与者和受赠者在收入分布上位置如何，如果相同的转移出现在相同距离的两个人之间，那么，不平等减轻的程度是相同的。术语"距离"必须小心地加以解释，因为对于一个给定的满足强转移原则的不平等测量，必须设定测量距离的方法。

我们考虑的所有距离，都通过使用绝对差值或某一转换之后的绝对差值，抑或通过排序来得到。当更富者的收入为 s_2 而更穷者的收入为 s_1 时，所考虑的最基本的距离是简单绝对差值测量 $s_2 - s_1$。使用这一距离测量，方差 V 满足强转移原则。但是，变异系数 c 在采用这一测量时，并不满足此原则,因为正如可证明的那样,收入相差一个固定量的个体间的收入转移所带来的 c 的变化取决于 V 的值。

　　与满足强转移原则的不平等测量相关的其他距离测量,可用上面应用收入转换之后的距离来定义。一个例子就是两个对数转换的收入份额之间的绝对差值。泰尔不平等指数使用收入的对数转换,因此,两个人收入之间的距离为对数距离,即 $\log(s_2) - \log(s_1)$。 也请注意,广义熵的特例 GE_1 等价于 T,因此,对数距离应用于 GE_1。对于包含设定 θ 值的广义熵,我们使用了一个涉及收入份额的指数函数的不同转换:

$$\frac{s_1^{\theta-1}}{\theta-1} - \frac{s_2^{\theta-1}}{\theta-1}$$

这一指数距离在 $\theta = 2$ 时,简化为绝对距离 $s_2 - s_1$,而在 $\theta = 1$ 时,则简化为对数距离。对于阿特金森指数族,个体 j 到 i 较小数量 δ 的收入转移会带来不平等测量上接近 $\delta(U'(y_2) - U'(y_1))$ 的变化,因此,这些测量可被认为满足强转移原则的极小形式,它建立在以社会效用函数形式定义的距离 $U'(y_2) - U'(y_1)$ 的基础之上。没有与基尼系数相联系的天然的距离测量,但与强原则类似的一个属性对基尼系数而言是具备的。

　　对于都位于下端尾部、都接近中位数处或都位于上端尾部的两个个体之间的收入转移而言,这一原则的强度确保了相同的不平等减少,只要它们之间间隔的距离(专门对应那个指数的)相同。如果研究关注的是不平等变化的秩和量,就需要这个属性("基数"属性),但是,如果研究者的主要关注点是比较各分布时的序次,那么它可能就太严格了。

第 3 节 | 尺度无关性

尺度无关性问题在第 3 章对不平等测量进行介绍时就被提及。如果一个不平等测量在尺度改变——总体中每个人收入上一个固定百分比的上升(或下降)——后仍未变化,它就被认为是尺度无关的。所有用平均收入、总收入或任意收入(比如,几何平均收入和中位数收入)进行了标准化的不平等测量,都具有这一属性(请见附录 3 中的表 A2)。c、$v^{①}$、G、T、A_ε 和 GE_θ 都以平均收入 $\bar{y}$ 进行标准化;v_1 以平均对数收入 $\overline{\log(y)}$ 进行标准化,基于分位数的偏度测量以中位数收入进行标准化;收入份额则以总收入进行标准化。相反,极差 R、方差 V 和分位数距都不是尺度无关的。

---

① 原文此处的符号为 V,但根据第 3 章的内容,实际上应该是对数方差 v。——译者注

第 4 节 | 人口无关原则

　　考察某一人口的收入不平等时间趋势,会因为此人口从一个时期到下一个时期可能正经历增长这一事实而变复杂。我们寻求独立于此增长的不平等测量方法。对于某一研究而言,人口的规模不应当影响对一个社会不平等趋势的量化或不同社会之间的不平等模式。人口无关原则是指,当我们测量某个人口的不平等时,这一测量只取决于此人口的收入分布。可争辩的是,比如,可以通过计算人口中被认为处于贫困中的个体数目来测量社会福利。但是,从历史上来看,这类分析一直不是不平等研究的焦点。人口规模无关原则与政府统计和学术研究中所见到的人均收入概念有关。

　　我们可以做一个简单的练习来举例说明人口规模无关原则。SIPP 数据 2001 年的总样本是 $n = 27294$。我们通过对样本中的每一个家庭户创建一个一模一样的家庭户,来将 SIPP 数据的规模扩大一倍,所以样本规模现在是 $2n = 54588$。显然,人均收入仍然未变。我们接着重新计算第 3 章所回顾的不平等测量,发现它们在规模 n 和规模 $2n$ 两种情形下完全相同。这说明,所介绍的选取的不平等测量满足人口规模无关原理。

第 5 节 | 可分解性

一个社会通常按照种族、性别、教育水平、年龄和其他因素被分为各个群体。虽然相同层内的个体之间有存在差异的可能性，但我们会观察到通过它们所落入的不同层来解释的社会个体成员之间的一些差异。同样，我们会考虑分解某一既定不平等测量的可能性，因此，总收入不平等被区分成组间不平等（比如，黑人和白人之间的不平等）和组内不平等（比如，白人之间的不平等和黑人之间的不平等）。另一种类型的分解也非常自然地出现在实际应用中。比如，收入可以来自不同的来源，如劳动所得和非劳动所得，这就值得我们去了解总收入不平等如何被区分成来源间和来源内两个部分。

如果一个不平等测量可被表达成组间不平等加上每一组内不平等的加权总和，那么，它会被认为是加和可分解的。这里，我们考虑到了权重取决于组内平均值和总平均值的可能性。我们继续介绍前面提到哪些不平等测量是加和可分解的，并给出每一种情形的详细分解。这需要稍加留神，因为我们需要对组间不平等的权重和测量进行区分。

方差提供了一个熟悉且具有说明性的加和可分解概念。我们知道，总方差是组间方差与组内方差加权总和后的两者之和。我们将这一法则应用于规模为 m 的白人群体和规模

为 n 的黑人群体的经验数据。样本总收入的均值为 $\bar{y}$、无偏方差为 V^T。白人收入的均值为 $\bar{y}_{wht}$、无偏方差为 V_{wht}，黑人收入的均值为 $\bar{y}_{blk}$、无偏方差为 V_{blk}。

通过将 m 个白人的收入都变为 $\bar{y}_{wht}$，n 个黑人的收入都变为 $\bar{y}_{blk}$，然后求出所得数据的方差，就可以得到组间方差 V^B。组内部分 V^W 就是各组内方差的加权总和。因为无偏方差针对样本规模进行了调整（全部样本时为 $m+n-1$、白人样本时为 $m-1$、黑人样本时为 $n-1$），所以，我们需要在计算每一个群体的方差时所用的权数中考虑这点。具体而言，白人的权重变成了调整的白人比例 $(m-1)/(m+n-1)$，黑人的权重变成了调整的黑人比例 $(n-1)/(m+n-1)$。请注意，这两个权重加起来并不等于 1。采用这一设定，我们可以将基于经验数据的方差的加和分解表达成：

$$\begin{aligned} V^T &= V^B + V^W \\ &= V^B + \frac{m-1}{m+n-1}V_{wht} + \frac{n-1}{m+n-1}V_{blk} \end{aligned} \quad [4.1]$$

由于变异系数 c 为以均值标准化的标准差，因此，它的平方项 c^2 也是加和可分解的。c^2 为以总平均值的平方标准化的总收入的方差。组间变异系数的平方 c^{2B} 能以与取得组间方差相似的方式得到，即将白人平均收入给予每名白人成员，并将黑人平均收入给予每名黑人成员。这一组间项的标准化也是以总平均值的平方来进行的。不过，既然各组的变异系数的平方 c^2_{wht} 和 c^2_{blk} 是以各自组平均值的平方而不是总平均值来进行标准化的，那么就必须使用复合权重，它将调整的组群比例与组平均值和总平均值之比的平方组合起来。具体而言，白人的复合权重为 $[(m-1)/(m+n-1)](\bar{y}_{wht}/\bar{y})^2$，黑

人的复合权重为 $\left[(n-1)/(m+n-1)\right](\bar{y}_{\text{blk}}/\bar{y})^2$。因此，$c^2$ 的加和分解可表达成：

$$c^{2\text{T}} = c^{2\text{B}} + c^{2\text{W}}$$

$$= c^{2\text{B}} + \left(\frac{m-1}{m+n-1}\right)\left(\frac{\bar{y}_{\text{wht}}}{\bar{y}}\right)^2 c^2_{\text{wht}} + \left(\frac{n-1}{m+n-1}\right)\left(\frac{\bar{y}_{\text{blk}}}{\bar{y}}\right)^2 c^2_{\text{blk}}$$

$$[4.2]$$

泰尔不平等指数 T 是加和可分解的。总泰尔不平等指数 T^{T} 为组间部分加上组内部分。组间泰尔不平等指数 T^{B} 以与组间方差和组间变异系数的平方相似的方式得到，即赋予白人成员平均的白人收入，赋予黑人成员平均的黑人收入。不过，组内部分 T^{W} 的权重则与 V 或 c^2 中的情况不同。权重为组群收入在总收入中的份额：白人的权重为 $\left[m\bar{y}_{\text{wht}}/(m+n)\bar{y}\right] = \left[m/(m+n)\right](\bar{y}_{\text{wht}}/\bar{y})$，而黑人的权重为 $\left[n/(m+n)\right](\bar{y}_{\text{blk}}/\bar{y})$。那么，泰尔不平等指数的加和分解就是：

$$T^{\text{T}} = T^{\text{B}} + T^{\text{W}}$$

$$= T^{\text{B}} + \frac{m}{m+n}\frac{\bar{y}_{\text{wht}}}{\bar{y}}T_{\text{wht}} + \frac{n}{m+n}\frac{\bar{y}_{\text{blk}}}{\bar{y}}T_{\text{blk}}$$

$$[4.3]$$

变异系数的平方和泰尔不平等指数都是广义熵的特例。在附录中(见作者为本书而建立的网站)，我们阐明了广义熵可被以加和方式分解成组间部分和组内部分。使用包含黑人-白人分组收入数据的相同例子，我们有以下一般表达式[1]：

$$GE_\theta^{\text{T}} = GE_\theta^{\text{B}} + GE_\theta^{\text{W}}$$

$$= GE_\theta^{\text{B}} + \frac{m}{m+n}\left(\frac{\bar{y}_{\text{wht}}}{\bar{y}}\right)^\theta GE_\theta^{\text{wht}} + \frac{n}{m+n}\left(\frac{\bar{y}_{\text{blk}}}{\bar{y}}\right)^\theta GE_\theta^{\text{blk}}$$

$$[4.4]$$

---

① 原文此处第二行等号后第一项为 GE_θ^{T}，有误，这里已改为 GE_θ^{B}。——译者注

请注意,在方程 4.4 中,两个权重相加通常并不等于 1。方程 4.4 将方程4.2 和方程 4.3 一般化,适用于广义熵族中的每一个测量。

使用方程 4.1 到方程 4.4 以及 SIPP 的 2001 年白人和黑人的收入数据,我们对 V、c^2 和 T 进行分解(见表 4.1)。总样本规模为 23585,其中,黑人的比例为 0.1443。全部样本的平均收入为 50911 美元,其中,白人的平均收入为 53655 美元,黑人的平均收入为 35198 美元。对于这些测量,总不等等为组间不等等与组内部分(组间不等等的加权总和)之和。得到全部样本、白人样本和黑人样本的三个不平等测量很简单。为了建立组间不平等测量,我们通过将平均白人收入赋值给每个白人,平均黑人收入赋值给每个黑人来创建一个新的收入变量。每个种族群体的权重在三个不平等测量上并不相同。以白人的权重为例。对于 V,白人的权重为调整的白人组群比例 $(m-1)/(m+n-1)=$ $[23585(1-0.1443)-1]/(23585-1)=0.8557$。因为样本规模很大,因此,这一调整的组群比例非常接近于未调整的组群比例。白人和黑人的权重加起来似乎等于 1,但这是因为样本规模很大。调整对小规模样本而言才是重要的。c^2 在白人的权重为 V 的情况下的权重乘以 $(\bar{y}_{wht}/\bar{y})^2$,为 0.9474。请注意,两个种族群体的权重相加并不等于 1。对于 T,白人的权重为 $[m/(m+n)](\bar{y}_{wht}/\bar{y})=0.9004$。白人和黑人的权重之和在这一情形中等于 1。这个例子解释了与不同不平等测量相联系的各种权重。表 4.2中的加和分解结果表明,总不平等的主要来源是组内部分(97%——

98％），白人-黑人之间的不平等只解释了总不平等中的一小部分（2％—3％）。

表 4.1　白人-黑人分组收入的三个不平等测量
的加和分解举例：SIPP（2001 年）

不平等测量	总的	组间	白人	黑人	白人的权重	黑人的权重	组内加权总和	总的一（组间＋加权的组内）
V	2077 (100％)	42 (2％)	2212	989	0.8557	0.1443	2035 (98％)	0
c^2	0.7989 (100％)	0.0162 (2％)	0.7682	0.7983	0.9474	0.0688	0.7827 (98％)	0.0000
T	0.3073 (100％)	0.0089 (3％)	0.2955	0.3239	0.9004	0.0996	0.2983 (97％)	0.0000

注：样本只包括黑人和白人，一共 23585 个家庭户。黑人所占的比例为 0.1443。全部样本的平均收入为 50911 美元，白人的平均收入为 53655 美元，而黑人的平均收入为 35198 美元。方差以百万美元的平方为单位。有关得到每一个群体权重的方法，请见正文。

　　有两个现成的、用于分解不平等测量的 Stata 程序："ineqdeco"要求结果变量取正数值，"ineqdec0"允许变量取任意值（Jenkins，1999）。出于举例说明的目的，非正数取值已被从 SIPP 的 2001 年收入数据中删除了。我们使用 Stata 中的"ineqdeco"来得到 1991 年和 2001 年广义熵族和阿特金森族的子群体分解。结果显示在表 4.2 中。尽管广义熵是加和可分解的，但阿特金森族并不是。不过，我们可以将阿特金森指数分解为组间部分、组内部分以及体现为组间和组内部分乘积的负数的残差之和。我们在表 4.2 中为阿特金森指数的每一数值增加了一列残差。该表并未给出基尼系数 G、对数方差 v 以及对数的方差 v_1 的分解，因为它们都不是加和可分解的，而且，残差部分也不能像在阿特金森指数情况下那样，以组间和组内项来得到。

表 4.2 白人-黑人分组收入的三个不平等测量的分解：
SIPP(1991 年和 2001 年)

项目	1991 年				2001 年			
	总的	组间	组内	残差	总的	组间	组内	残差
GE_{-1}	1.442	0.012	1.430	0	3.022	0.011	3.011	0
GE_0	0.284	0.010	0.273	0	0.345	0.010	0.335	0
GE_1	0.240	0.009	0.231	0	0.307	0.009	0.298	0
GE_2	0.267	0.008	0.259	0	0.399	0.008	0.391	0
$A_{1/2}$	0.121	0.006	0.116	-0.001	0.148	0.005	0.144	-0.001
A_1	0.247	0.014	0.237	-0.004	0.292	0.012	0.283	-0.003
A_2	0.742	0.037	0.733	-0.028	0.858	0.116	0.839	-0.097

资料来源：SIPP。

　　根据人口分组分解不平等的方法可以直接应用于人口子区域。比如，如果我们想对南部和非南部以广义熵或阿特金森族指数加以测量的收入不平等进行比较，我们就可使用与上面所讨论的完全相同的方法。

　　许多有关不平等分解的经验研究工作关注人口分组。收入或财富由不同的要素构成。比如，收入来源包括工资、投资收入、福利支出、私人汇款和资本收益/损失。财富要素包括房产、股票和公募基金、储蓄和支票账户以及退休基金。有用的是理解要素间变异和要素内变异如何对总收入或总资产净值产生影响。与以子群体进行分解的问题不同，允许以收入或财富构成要素进行常规分解的不平等测量相对较少。变异系数的平方 c^2 和通常与其等价的测量（比如，方差）都允许根据要素进行的分解(Cowell，2000)。为了说明这点，我们用一个资产净值 y_i 的例子，它等于总资产减去总负债，是一个总财富的测量。出于简洁性的考虑，我们定义两个要素——房产净值 y_{Ai} 和所有其他资产的净值 y_{Bi}，因此，

$y_i = y_{Ai} + y_{Bi}$。现在令 c、c_A 和 c_B 为总净值、房产净值和其他资产净值的变异系数值。令 λ 为要素 A 的比例、ρ 为要素 A 和要素 B 之间的相关系数。c 的分解就是：

$$c^2 = \lambda^2 c_A^2 + (1-\lambda)^2 c_B^2 + 2\lambda(1-\lambda)c_A c_B \rho \qquad [4.5]$$

既然 $GE_{(2)} = c^2/2$，我们就能够以 $GE_{(2)}$ 的形式来表达方程 4.5[①]：

$$GE_{(2)} = \lambda^2 GE_{A(2)} + (1-\lambda)^2 GE_{B(2)} + 2\lambda(1-\lambda)\rho \sqrt{GE_{A(2)}GE_{B(2)}} \qquad [4.5']$$

方程 4.5 和方程 4.5′ 可被应用于资源变量的任意取值范围，因此，它适用于包含很大比例负值和零值的资产净值变量。我们使用 SIPP 的 1991 年和 2001 年的财富数据，结果显示在表 4.3 中。由于资产净值包含了负值和零值，变异系数与只基于反应变量的正数取值的测量并不直接可比。表 4.3 的前三行表明，变异系数从 1.729 增加到 8.841，主要反映了非房产净值不平等的加剧：从 2.518 到 14.383。表 4.3 中的要素分解，即每一项在整体中所占的比例，能够揭示一些令人感兴趣的趋势——总的房产净值在 1991 年时为 45.1%，而 2001 年时下降到了 39.0%——和两个要素之间的相关，这一相关从 0.352 下降到 0.073。基于这些基本统计结果，我们发现，房产净值的加权贡献从 14.6% 下降到 0.5%，而非房产净值的加权贡献则从 63.9% 上升到 98.4%。方程 4.5 中的第三项源于要素之间的相关，从 21.5% 下降到 1%。当以百分比

---

① 原文中，方程 4.5′ 右边第二项为 $(1-\lambda)^2 GE_{A(2)}$，这是不对的。在此改正为 $(1-\lambda)^2 GE_{B(2)}$。——译者注

的形式来表达时,分解提供了两个分布之间的直接比较,并识别出不平等加剧的主要来源。[11]

表 4.3　含两个要素资产净值的变异系数分解:SIPP(1991 年和 2001 年)

项　　目	1991 年	2001 年
变异系数,总的 c	1.729	8.841
变异系数,房产要素的 c_A	1.466	1.630
变异系数,其他要素的 c_B	2.518	14.383
c_A 的比例: λ	0.451	0.390
要素相关系数: ρ	0.352	0.037
总的: c^2	2.991(100%)	78.159(100%)
第 1 部分: $\lambda^2 c_A^2$	0.437(14.6%)	0.405(0.5%)
第 2 部分: $(1-\lambda)^2 c_B^2$	1.911(63.9%)	76.491(98.4%)
第 3 部分: $2\lambda(1-\lambda)c_A c_B \rho$	0.643(21.5%)	0.814(1.0%)

资料来源:SIPP。

　　尽管基尼系数并不满足加和可分解性原则,但一些研究者将不可加性视为一个优势而非局限。两个不同的分解框架是加和的和交互的。在加和分解框架下,组间成分描述两个群体之间的平均差异,组内部分则描述剩余的变异。在交互分解框架下,组群的特征可被构想为组群的中心位置及其分布的形状。不同的中心位置和形状能够带来不同程度的组群重叠。设想一个由两个种族群体构成的人口——白人和黑人。不但白人-黑人的平均收入差异较大,而且分布的形状也不同。在黑人和白人收入分布重叠的区域中,一些黑人具有比白人更高的收入。平均收入差异和组群重叠都可被看成组间差异。如果对平均收入如何不同及两个群体如何重叠感兴趣,那么,基尼系数分解就可被用来获取有关信息。

　　已有三种方法被提出用于分解基尼系数:(1)图解法

（Lambert & Aroson，1993）；（2）协方差法（Lerman & Yitzhaki，1984；Sastry & Kelkar，1994）；（3）成对个体收入比较法（Dagum，1997；Mussard，Terraza & Seyte，2003）。不管何种方法，基尼系数分解都强调组的重叠及隐含在其后的实质含义，同时提供对其他不平等测量进行加法分解中所没有的额外信息。

　　使用相同的来自 SIPP 的 2001 年的收入数据的白人和黑人样本，我们计算出总基尼系数为 0.4221，它可被分解成三个部分：组间部分（黑人-白人平均收入差异或两个群体之间的总变异）解释了总基尼系数的 10.6%，组内部分（每一群体内不平等的加权总和）解释了 77.2%，重叠部分（即一些黑人比一些白人具有更高的收入，或者两个群体的转移变异）解释了 12.2%。这些结果与那些使用加和分解得到的结果很不同，比如，泰尔系数和变异系数的平方，其中，组内不平等在总不平等中占了压倒性的份额（97%—98%）。组间不平等只解释了总不平等的一个较小的百分比（2%—3%）。

　　当发生一些特殊情形时，诸如社会阶级这样的群体会依照收入分配而聚集，使得只包含组间和组内成分的基尼系数分解（Liao，2006）。社会阶级被定义为这样一群个体：群体内在收入、教育和职业上是同质的，而群体间在收入、教育和职业上是异质的。作者用基于模型的聚类方法（Fraley & Raftery，1998），依据观测的收入、教育成就和职业声望创建了排序好的收入群。因为这些群（阶级）被按照收入分配从低到高加以排序，所以跨阶级的成对个体收入比较中并不存在转移变异。因此，基尼系数只被分解成两个部分——阶级间部分和阶级内部分——而并不存在交互部分。所以，收入分配具有明显社会阶级分界的一个社会将会有较大的阶级间部分。扩展基尼系数为处理沿着收入分配所产生的集群提供了一个有关如何使用阶级间部分的相对贡献或其修正形式，以社会阶级来对某一社会的收入进行分层的清晰解释。为了进一步量化不平等的结构，廖福挺进一步发展出结构不平等测量，包括结构基尼系数的单独和合计形式以及一套结构泰尔测量(Liao，2009)。

第6节 | 选择适合于一个人口的
不平等测量

以上讨论的五个原则(请见附录3中的表A2)提供了一套基本标准,我们可以用它们测量某一特定研究所希望选取的一个或若干个属性。选择有时依据实质理论层面的理由来作出,有时则依据实际应用层面的理由来作出。

在实质理论层面上,一些研究也许本身就关注所用不平等测量的敏感性。强转移原则确保固定距离相同的两名个体之间固定量的收入转移之后,出现相同的不平等减少量,这里所谓的"距离"针对不同的不平等测量专门进行界定。因此,强转移原则强调了以距离形式体现的转移规模和不平等测量的变化大小。"基数"属性的概念被用来描述此类与大小相关的变化。相对而言,"序数"属性的概念被用来描述与序次相关的变化,这是弱转移原则所强调的内容。当序数属性成为基本的关注点时,我们在基于它们对收入分布不同部分的敏感性而建立的各种测量之间进行选择。比如,阿特金森指数族和广义熵指数族通常是等价的,$0 < \theta < 1$ 且 $\theta = 1 - \varepsilon$。如果我们主要关注测量的序数属性,我们可以选择阿特金森指数或者 θ 在 $(0, 1)$ 区间上取值的广义熵,并集中研究使用 ε 或 θ 的什么值来满足所希望的敏感性。极度敏感性

将需要用到 θ 在 (0，1) 区间之外取值的广义熵。如果我们关心"基数"属性(即大小)，那么就选择广义熵。

　　在实际应用层面上，基尼指数是应用最广泛的不平等测量。这一流行性的两个主要原因是，其直接得自洛伦兹曲线的直观意义以及其 (0，1) 的取值范围。当研究者关心异常值和收入和财富等资源的顶端或底端编码时，基尼指数是相对稳健的，因为它是中部敏感的。此外，当可能存在负值时，正如收入和财富中经常出现的情形，基尼指数可以处理这些数据，而阿特金森族和广义熵族中的大多数测量都不行。不过，分解基尼系数后的残差部分难以解释。对于关注分解的研究而言，可以选择广义熵测量而不是基尼系数。

　　若干具有共同构成要素的不平等测量可用来深化对不平等现象的理解。在规模为 n 的同一人口中，个体收入的份额可以用个体收入与平均收入的比值来表达，即 $s_i = (1/n)(y_i/\bar{y})$。使用收入比 $y_i/\bar{y}$ 作为四个概要不平等测量(变异系数的平方、对数的方差、泰尔不平等指数和基尼系数)的统一框架中的共同元素，菲尔鲍考察了全球收入不平等的模式(Firebaugh，1999)。这个统一框架将那些不平等测量表达为收入比的函数，衡量该收入比对收入比为 1.0 这一完全公平情况的平均偏离(也请见 Atkinson，1970；Cowell，2000；Shorrocks，1980)。此框架有助于描述不同的函数如何带来那些不平等测量的不同取值。在菲尔鲍的研究中，四个测量中的三个提供了支持性证据表明，数百年来，全球收入不平等日益加剧的趋势从 1960 年到 1989 年趋于稳定。对数的方差 v_1 是一个例外，它对收入分布底端的变化更敏感，因为对数转换对右尾部要比对左尾部压缩得更厉害,而左尾部实际上呈现出世界收入不平等的减轻。这个例子说明,若干具有共同元素的不平等测量可用来对所考虑的不平等模式进行更深入的考察。

　　最后,回到两个分布之间的位置、尺度和形状改变上来,各种概要不平等测量如何捕捉这些改变? 同时,它们可被区分开来吗? 第一,根据定义,所有尺度无关的概要不平等测量都被设计来将其他形状变化与尺度改变区分开来。第二,比较两个人口的各概要测量描述了至少两种分布改变——位置移动和形状变化的组合。为了将位置移动与形状变化(对于那些并非尺度无关的测量而言,也包括尺度改变)区分开来,我们可以将两个人口视为两个群体。然后,我们可以使用可分解的不平等测量来将整体不平等测量分解成组间部分和组内部分。组间部分反映位置移动,而组内部分则反映形状变化。正如表 4.1 所示,黑人收入和白人收入的整体不平等可被分解成 V、c^2 和 T 上的位置改变(组间部分)和形状改变(组内部分)。V(方差)的结果表明,位置移动解释了全部分布差异的 2%,而尺度和形状变化一共解释了 98%。c^2(变异系数的平方)和 T(泰尔不平等指数)的结果显示,位置移动解释了位置和形状变异总和的 2.5% 到 2.9%,不论尺度改变是怎样的。

第 7 节 │ 洛伦兹占优和人口比较

洛伦兹占优是一个强条件,它确定无疑地表明,收入分布 x 比收入分布 y 更加平等。这一具有说服力的能力是以一定的代价换来的:对于一对收入分布,可能任何一方都不比对方占优,这被称作"洛伦兹交叉"。许多有关收入不平等的研究都致力于对不同国家、美国各州、不同时期以及基于种族、性别和年龄的社会群体之间的收入分布进行比较。此外,也有研究致力于比较政策对收入不平等的影响,关注一项先进的收入转移政策所带来的不平等减轻或者一项退化的收入转移政策所带来的不平等加剧。这一类研究有一个共同的关注:哪种收入分配更不平等? 洛伦兹占优提供了判断是否对这个问题给出了可信答案的一个基本标准。

基于第 2 章中洛伦兹曲线的定义,每当 $L_x(p) \geqslant L_y(p)$ 对所有的 $p \in [0, 1]$(其中,对于某一个 p,$L_x(p) > L_y(p)$,也就是 **x** 和 **y** 不同)都满足时,我们可以断定,收入分配 **x** 洛伦兹占优于收入分配 **y**。换言之,**x** 的洛伦兹曲线位于由平等线和 **y** 的洛伦兹曲线所围成的区域内。图 4.1 展示了 **x** 对 **y** 的洛伦兹占优,其中每个都由五个取值组成(**x** = {70, 80, 80, 80, 90},**y** = {30, 60, 80, 100, 130})。这个例子表明,对于五个 p 中的每一个,**x** 的累积收入份额都大于 **y** 的累积份额,使得 **x** 曲线完全位于 **y** 曲线上方,出现了一种 **x** 洛伦兹占优于 **y** 的情形。根据这一模式,**x** 无疑要比 **y** 更加平等。

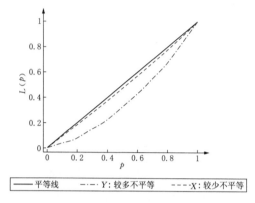

图 4.1 洛伦兹占优:假设数据

当在某些 p 处,$L_x(p) > L_y(p)$,而在其他 p 处,$L_x(p) < L_y(p)$ 时[①],如图 4.2 中所示,洛伦兹交叉就出现了。当 **x** = {0.4,99.9,99.9,99.9,99.9} 对应的曲线和 **y** = {60,60,60,60,160} 对应的曲线存在交叉时,就需要另一种标准来判断哪种收入分布更平等。因此,洛伦兹占优和交叉概括了两个分布之间不平等差异模式的两个宽泛类型。

对于小规模人口而言,可以很容易地以画图的方式来说明洛伦兹占优是否存在于两个分布之间。当人口规模很大时,比如,一个国家、州或市的真实收入分布,我们经常选取有限量个 p 来做图形考察,因为查看所有 p 上的差异是不可行的。因此,使用概要不平等测量就变得必要了。这些测量必须首先是洛伦兹一致性的。

---

① 原文此处有错,两种情形都是 $L_x(p) > L_y(p)$,这里将后一处修改为 $L_x(p) < L_y(p)$。——译者注

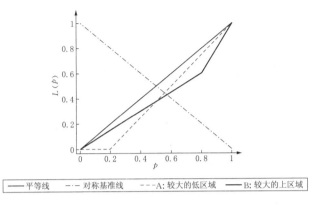

图 4.2　洛伦兹交叉:假设数据

　　洛伦兹一致性是满足我们上面所讨论五个原则的其中三个的一种组合:弱转移原则、尺度无关性原则和人口规模无关原则。如果 **x** 对 **y** 的洛伦兹支配表明,**x** 的不平等测量不超过 **y** 的该测量,那么,这个不平等测量就被认为是洛伦兹一致性的。但是,如果一个洛伦兹一致性的不平等测量在 **x** 中的情形大于在 **y** 中的情形,我们就不能认为 **x** 洛伦兹支配 **y**。此表述要求所有洛伦兹一致性不平等测量必须全都一致地表现为 **x** 比 **y** 更平等,这被称作"洛伦兹一致性不平等测量之间的全体一致性排序"(Shorrocks & Slottje,2002)。考虑到洛伦兹一致性不平等测量的数量众多(为广义熵族的 θ 和阿特金森族的 ε 等参数的宽泛取值所扩展),对所有的洛伦兹一致性不平等测量进行考察是不现实的。

　　当我们对两个以上的分布进行比较时,全体一致性排序条件甚至变得更不切实际。成对比较的数量随着分布的数量呈几何级数增长。[12]而且我们需要对这些成对比较的每一对里的所有洛伦兹一致性不平等测量进行考察。如果我们能够找到些许不平等指数,它们就能以较高的准确性来预测洛伦兹占优,那就极具吸引力。

在寻找解决办法时,我们需要更好地理解,为什么使用不同的洛伦兹一致性不平等测量可能给出两个分布的洛伦兹占优的不同结果。问题的关键在于,不同的测量对分布的不同部位上的收入差异很敏感。比如,基尼系数和泰尔不平等指数易受分布中部的影响,而低端 1/5 份额则易受分布底部的影响。相比而言,参数 θ 取较大正数值的广义熵易受分布顶部末尾的影响,而参数 θ 取较大负数值的广义熵则易受分布底部末尾的影响。集中三个指数,每一个容易受到中部区域、底部末尾或顶部末尾的影响,以较高准确性预测全体一致性排序是可能的。

基于使用 100 个洛伦兹一致性不平等测量对 80 个国家的收入分布所进行的研究(3160 对比较),索洛克斯和斯罗特找出了三个此类不平等测量(Shorrocks & Slottje,2002)。这些指数以分布的不同部位作为对象。GE_{10}($\theta = 10$ 处的广义熵)以顶部末尾作为对象;GE_{-20}($\theta = -20$ 处的广义熵)以底部末尾作为对象,而中位数以下的份额 $L_{(0.5)}$ 则以分布的下半部分为对象。由这三个指数所得到的模式与使用 100 个不平等测量所得到模式的 99% 相一致。少许不平等测量的其他组合、具有不同参数 ε 的阿特金森族等相同类型的类别或者基尼系数和其他测量的组合,都不能以相似的准确性水平来预测全体一致性。

这里,我们看到广义熵的灵活性如何有助于对不平等进行比较,以及超出第 3 章讨论的常规取值范围 $[-1, ?]$ 的极端 θ 值的有用性。此外,我们也看到不依赖于单个不平等测量的重要性,而许多研究者仍然仅仅使用基尼系数。寇姆、阿特金森及森的经典著述都告诫我们,别仅仅依赖单个不平等测量(Kolm,1969;Atkinson,1970;Sen,1973)。仅使用少数几个如索洛克斯和斯罗特所建议的不平等测量,就能够高效且准确地对不同人口的或时间上的不平等进行比较。

索洛克斯和斯罗特的三个不平等测量也许并不能恰好应用于所有的经验研究工作中。但是,分布的中下部区域和两个末尾可以作为一个指导原则。我们以 SIPP 收入趋势数据,用五个洛伦兹一致性不平等测量对八年中的收入分布(28 对比较)进行比较:索洛克斯和斯罗特所用到的三个测量(底部 50% 人口的收入份额 $L_{(0.5)}$、两个针对分布末尾部分的广义熵测量 GE_{-20} 和 GE_{10})加上泰尔不平等指数 T 和基尼系数 G。表 4.4 给出了针对所考察的这八个年份的五个不平等测量。根据第一列为底部 50% 的人口所拥有的收入份额,将 1993 年排序为最平等(最大收入份额),而将 1996 年排序为最不平等(最小化收入份额),这与泰尔不平等指数和基尼系数所反映的情况(1995 年最平等,1996 年最不平等)类似,但并不完全相同。两个针对末尾的测量对年份的排序不同,也与关注中下部区域的测量不同。当关注底部末尾时,1988 年被排序为最不平等,1987 年则为最平等。当关注顶部末尾时,1996 年被排序为最不平等,1995 年则为最平等。我们对五个不平等测量中的每一个都进行了 28 对比较。这些结果所呈现的全体一致性排序揭示出,1991 年时的美国收入分布比1993 年时更不平等。我们认为,1993 年收入分布洛伦兹占优于 1991 年收入分布。但是,对其他年份,则不能得到明确的结论。尽管我们用了五个不平等测量,但是这一结论也可以只用索洛克斯和斯罗特提议的三个测量而得到。

表 4.4　针对中部和两个末尾的不平等测量:收入趋势

年份	$L_{(0.5)}$	T	G	$GE_{(-20)}$	GE_{10}
1985	0.23104	0.24678	0.38580	1.34E+65	60908
1987	0.22846	0.25165	0.38986	2.03E+55	1414
1988	0.23360	0.23588	0.37962	1.73E+83	467
1991	0.23316	0.23985	0.38132	1.42E+70	5336
1993	0.23464	0.23395	0.37859	3.05E+70	1214
1995	0.23441	0.23287	0.37781	4.67E+63	428
1996	0.21001	0.31931	0.42486	6.46E+73	8857682
2001	0.21078	0.30725	0.42206	1.36E+81	281443

资料来源:SIPP。

第 8 节 | 小结

本章将关注点集中在一套广泛使用的不平等测量上,从那些与概率分布相联系的测量到那些基于分位数函数和洛伦兹曲线的测量,以及从那些由社会福利函数推导得到的测量到那些根据信息理论发展出来的测量。概要不平等测量的五个原则有助于选取不平等测量来考察一个人口的收入分布。洛伦兹占优为使用最少量的一套不平等测量来对人口收入分布进行比较提供了指导。这一人口比较的方法首先根据一个单一分布得到概要不平等测量,然后在不同人口之间比较这些不平等测量。一个替代方法是,首先基于两个分布建立一个相对分布,然后考察这一相对分布的概要测量指标。这属于下一章的主题。

第 **5** 章

相对分布方法

　　到目前为止,在两个分布的比较中,所采用的方法一直是对每一分布的概要统计量进行比较,或者在洛伦兹占优的情况下,确定一个分布的整个洛伦兹曲线是否凌驾于另一个之上。通过建立意在描述一个分布如何与另一个分布相联系的单一相对分布,相对分布方法可以对收入分布进行更全面的比较。相对分布方法的一个优势就在于,它可应用于取值范围没有限制的那些分布。比如,当有可能出现负值时,可以考虑相对分布。此外,相对分布界定了一个无单位的测量,使我们可以对想要的测量,如收入、教育年限、身高和体重等各种量对应的不同人口的相对分布进行比较,并且可以直接根据相对分布推导出若干个不平等测量。另一个关键优势是,相对分布方法允许就分布的特定部分,特别是下尾部和上尾部分别进行考察。汉考特和莫里斯为社会科学读者系统地介绍了相对分布方法(Handcock & Morris, 1999),本章从该来源中汲取了基本素材。对于经验研究者,我们给出了可应用于经验数据的公式。本章的目标是,将相对分布方法作为对已有概要不平等测量的重要补充来加以介绍。

第 1 节 ｜ **相对秩、相对分布、相对密度**

　　每当要对两个人口的某个量的分布进行比较时，都可以引入相对分布概念。为了继续进行，有必要从两个分布中挑选出一个，将其称作"比对分布"，另一个则称作"参照分布"。比如，既然黑人人口属于少数人口，那么我们将黑人人口的收入与白人人口的收入进行比较时，通常将黑人收入分布作为比对，而将白人收入分布作为参照。

　　相对分布概念的关键取决于这样一种想法：为比对人口中的每一单个取值 y 确定其相对于参照分布的秩。这个相对秩被定义为参照人口中取值不超过 y 的人口比例。令 F^0 表示参照人口的累积分布函数，那么，这一比例就由 $F^0(y)$ 给出。在这个情形中，确定参照人口中这一 y 值的相对秩的转换被称为"等级转换"，且当比对人口的数据被以这一等级转换进行转换时，所得数据被称为"相对数据"。在 Stata 中，可以用詹恩编写的程序"relrank"来进行等级转换并创建相对数据（Jann，2008）。

　　为了举例说明，我们考虑黑人中位数收入（26763 美元）在白人收入分布中的相对秩。我们在白人收入分布中找出低于该值的累积概率，也就是收入小于 26763 美元的白人家庭户所占的比例，它恰好等于 0.2975。因此，应用于黑人中位数收入的等级转换为 $r=F^0(\$26763)=0.2975$，表明典型的黑人家庭户（处在黑人中位数收入上）在白人收入分布中，排列在低于 1/3 的位置。

令 Y 表示取自比对分布的一个随机值。"相对分布"被定义为这个（随机）值的相对秩的分布。我们用 R 表示这一随机相对秩，则 $R=F^0(y)$，即比对分布的一个随机抽取的等级转换。直接根据定义，我们知道，R 取 0 到 1 之间的值。R 可被解释成比对人口中的一个随机抽取在参照人口中的相对位置，这里的"相对位置"意指取值不超过该随机抽取所对应数值的参照人口比例。

我们用符号 F 表示比对分布（黑人收入）的累积分布函数，$Q=F^{-1}$ 表示对应的分位数函数，并且，我们令 Y 表示一个以 F 为其累积分布函数的随机变量（比如，Y 是一个被抽中的黑人收入）。同样，F^0、Q^0 和 Y^0 表示参照人口（白人）中的这些量。作为随机变量，R 有一个累积分布函数，被称作"相对累积分布函数"，记为 G；另外，还有一个概率密度函数（相对概率密度函数），记为 g；也有一个分位数函数，被定义为相对累积分布函数的逆，即 $Q_R(r)=G^{-1}(r)$。依据定义，相对累积分布函数给出了小于或等于某一给定值 r 的概率，因此，我们可以将这表达成比对累积分布函数和参照分位数函数的形式：

$$G(r)=P[R\leqslant r]=P[F^0(Y)\leqslant r]$$
$$=P[Y\leqslant Q^0(r)]=F(Q^0(r))$$

换言之，相对累积分布函数 G 等价于 $F\circ Q^0(r)$，后者是由 $(F\circ Q^0)(r)=F(Q^0(r))$ 所界定的函数，并被定义成两数

F 和 Q^0 的组合。

相对分布的分位数函数可以通过取相对累积分布函数的逆来得到：

$$(F \circ Q^0)^{-1} = (Q^0)^{-1} \circ F^{-1} = F^0 \circ Q$$

所以,分位数函数具有以下形式:$Q_R(r) = F^0(Q(r))$。 请注意,如果我们调换比对和参照分布的位置,那么,相对累积分布函数 $\tilde{G}$ 就会变成随机变量 $\tilde{R} = F(Y^0)$ 的累积分布函数,则我们看到:

$$\tilde{G}(r) = P[\tilde{R} \leqslant r] = P[F(Y^0) \leqslant r]$$
$$= P[Y^0 \leqslant Q(r)] = F^0(Q(r))$$

这是原初的相对分位数函数,即这一颠倒使得累积分布函数等于原初的分位数函数,而分位数函数则变成了原初的累积分布函数。

相对累积分布函数具有简单的解释:如同任一累积分布函数一样,它让我们可以确定一个分布集中在何处,此处为相对于参照分布的分位数,比对分布的分位数集中在何处。它是一个满足 $G(0)=0$ 和 $G(1)=1$ 的单调增函数。此函数的图形包含在单位正方形 $\{(r, s): 0 \leqslant r \leqslant 1, 0 \leqslant s \leqslant 1\}$ 中,并从左下角 $(0, 0)$ 扩展至右上角 $(1, 1)$。此函数的图形是一条斜率为 1 的直线。因此,对于变量 r 的所有取值,都有 $G(r)=r$。 这对应着两个分布相同的情形。

其他极端情形也有简便的解释。如果相对累积分布函数对于小于某一特定值 r^* 的 r 值取值为 0,然后在 r^* 处出现一个大小为 1 的跳跃,而对于大于 r^* 的 r 值取值为 1,那么我们知道,比对人口中的所有个体都具有与参照人口的第

r^* 分位数相同的取值。更一般而言,相对累积分布函数可以是集中在单位区间 $[0,1]$ 上的任意离散概率分布,在此情形下,其图形看上去似乎是平的,除了在 $[0,1]$ 的点 r_1, r_2, $\cdots$, r_k 处出现了大小为 p_1, p_2, $\cdots$, p_k 的 k 个跳跃之外。这种情形与比对分布集中在参照分布的比例为 p_1, p_2, $\cdots$, p_k 的第 k 分位数 $Q^0(r_1)$, $\cdots$, $Q^0(r_k)$ 上的情形相对应。正如在导论中所指出的,相对分布是无单位的。知道相对分布并未揭示出与比对或参照人口的分位数真实数值有关的信息。在允许我们确定一个分布中的哪个分位数与另一个分布的给定分位数相对应这一意义上,相对分布仅仅提供了两个分布之间的一个映射。

回到上面的例子,我们可以取 r 为 0.2975,因此,参照(白人)收入分布的第 r 分位数为 26763 美元。另一方面,26763 美元是比对(黑人)收入分布的中位数,因此,我们可以将以上等级转换观测解释成表达了特定取值 0.2975 处的相对累积分布函数:

$$G(0.2975) = F(\$ 26763) = \frac{1}{2}$$

可以对位于 0 到 1 之间的每个 r 值进行类似的计算,得到一个有关这两个收入分布之间关系的综合概括。

基于针对两个人口而收集得到的数据,我们用一种简单的两步骤方式来完成刚才所说明的计算,以得到经验相对累积分布函数。首先,我们确定参照分布的(经验)分位数函数。令参照数据为 y_1^0, $\cdots$, y_n^0,将这些值按从小到大的顺序进行排列,得到序次统计量 $y_{(1)}^0$, $\cdots$, $y_{(n)}^0$。我们通过取得 $\hat{Q}^0(k/(n+1)) = y_{(k)}^0$ 来界定形式 $k/(n+1)$ 的 r 值处的经验分位数函数。对于连续取值上的 r，如 $k/(n+1)$ 和 $(k+1)/(n+1)$，我们以线性内插来定义 $\hat{Q}(r)$，即

$$\hat{Q}^0(r) = \frac{r - (k/(n+1))}{1/(n+1)} y^0_{(k+1)} + \frac{((k+1)/(n+1)) - r}{1/(n+1)} y^0_{(k)}$$

接下来，我们利用比对样本 $y_1, \cdots, y_n$ 来完成经验相对累积分布函数的计算。对于任一给定的 r 值，我们取得：

$$\hat{G}(r) = \frac{\{y_i \leqslant \hat{Q}^0(r)\} \text{ 的数目}}{n'}$$

比对样本 $y_1, \cdots, y_n$ 中的数值小于或等于 $\hat{Q}^0(r)$ 的比例。

其他有关两个分布之间关系的定性表述可以根据相对累积分布函数来得到。完全落入对角线下方的相对累积分布函数的图形，即对于所有的 r，有 $G(r) < r$ 与对于 r 的所有取值，有 $\hat{Q}^0(r) \leqslant Q(r)$ 这一条件相对应，意味着参照分布的分位数都没有超过相应的比对分布的分位数。比如，参照人口中的第 25 百分位数小于或等于比对人口中的第 25 百分位数，参照人口中的第 50 百分位数小于或等于比对人口中的第 50 百分位数，参照人口中的第 75 百分位数小于或等于比对人口中的第 75 百分位数，等等。极深刻的意义在于，比对人口比参照人口更富裕。相反，完全处在对角线上方的相对累积分布函数的图形，即对于所有的 r，有 $G(r) \geqslant r$，则其与对于 r 的所有取值，有 $\hat{Q}^0(r) \geqslant Q(r)$ 这一条件相对应，意味着比对人口的分位数都没有超过相应的参照分布的分位数。如果相对累积分布函数呈现含 $G(1/2) = 1/2$ 的倒 S 形，这就对应着如此情形：那些处在比对人口更低分位数中的人，比那些处在参照人口对应分位数中的人更穷，而那些处在比对人口更高分位数中的人，比那些处在参照人口对应

分位数中的人更富。

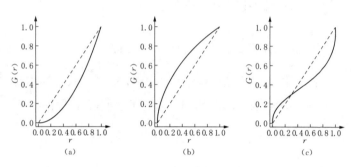

图 5.1　相对累积分布函数的三种情形

　　相对分布具有单调转换无关性的诱人性质。给定一个单调增函数 ψ，如果我们将这个函数应用于参照和比对人口中，相对累积分布函数不会被改变。比如，我们对两个人口中的所有收入都进行对数转换，相对分布就不会受影响。因此，任何依据相对分布推导得到的概要统计量，都将具有这一无关性性质。为了理解这一性质如何保持不变，来看看 $\psi(Y)$ 的累积分布函数，转换后的比对值 Y 变成如下形式：

$$P\left[\psi(Y)\leqslant x\right]=P\left[Y\leqslant \psi^{-1}(x)\right]=F(\psi^{-1}(x))$$

使得累计分布函数为组合函数 $F\circ\psi^{-1}$，同时，$\psi(Y)$ 的分位数函数变成了 $(F\circ\psi^{-1})^{-1}=\psi\circ F^{-1}=\psi\circ Q$。同样，转换后的参照值 $\psi(Y^0)$ 的累积分布函数和分位数函数分别由 $F\circ\psi^{-1}$ 和 $\psi\circ Q^0$ 给出。然后，转换后的相对累积分布函数变成了下述组合：

$$(F\circ\psi)\circ(\psi^{-1}\circ Q^0)=F\circ Q^0$$

这与转换前的相对累积分布函数完全一样。

累积分布的概要统计量可用来对比对分布和参照分布进行比较。比如，相对分布的均值

$$E(R) = \int_{r=0}^{1} rg(r)dr = E[F^0(Y)] = \int_{y=-\infty}^{\infty} F^0(y)f(y)dy$$

给出了取值落在从比对分布中随机抽取的数值之下的参照人口的期望比例上。比如，对于各对相同的分布，这个值是 $1/2$，因此，一个极其自然的做法就是将相对分布的均值与 $1/2$ 进行比较。当 $E(R) < 1/2$ 时，平均而言，不到一半的参照人口将具有落在从比对分布中随机抽取的数值之下的一个取值，因此，大多数人通常将具有一个更大的取值。粗略地讲，我们可以认为，比对人口具有比参照人口更低的取值。当 $E(R) > 1/2$ 时，我们可以得到相反的结论。

同样，相对分布的中位数

$$G(1/2) = F(Q^0(1/2)) = P[Y \leqslant Q^0(1/2)]$$

由取值落在参照人口中位数之下的比对人口的比例给出。因此，条件 $G(1/2) < 1/2$ 显示了参照人口将具有比比对人口更小取值的倾向。如果 $G(1/2) > 1/2$，那么我们会得到相反的结论。

第 2 节 | 相对比例和相对密度

　　相对比例也容易解释，尽管它描述了比对分布中各分位数上的个体，以参照分布的分位数来看集中在何处。对于任意概率密度函数，曲线下方的面积都是 1，某点上的函数也就是该处相对分布的导数。两个值 r_1 和 r_2 之间曲线下的面积为取值位于参照人口的第 r_1 和 r_2 分位数之间的比对人口的比例。

　　就相对累积分布函数的表达式 $G(r) = F(Q^0(r))$ 对 r 求微分，得到一个相对密度函数的表达式：

$$g(r) = \frac{f(Q^0(r))}{f^0(Q^0(r))} \qquad [5.1]$$

　　假如数据是从两个总体中抽样得到的：$Y_1^0, \cdots, Y_m^0$ 来自参照总体，而 $Y_1, \cdots, Y_n$ 来自对比总体，那么，相对密度估计的最直接方法建立在相对比例的基础之上。我们选取在其上计算分位数的一些值。在接下来的讨论中，我们用十分位数。我们用参照数据来计算参照样本的十分位数 $\hat{Q}^0(i/10)$。然后计算位于每个 $1/10$ $J_i = [\hat{Q}^0(i/10), \hat{Q}^0(i+1/10)]$ 中的比对样本的比例 p_i。在区间 J_i 上取值的分段常数函数为 p_i，可被看作相对密度的一个简单估计量。假定比对分布和参照分布相同，那么，我们预计此函数看上去会很像 $[0，1]$ 上的均匀密度,也就是说,我们期望该值在整个区间上的取值接近于 1。对这一基准情形的偏离也易于解释。

估计相对密度的更复杂的方法也很容易得到。实际上,根据数据来估计相对密度 $g(r)$,要比估计相对累积分布函数 G 精巧得多,因为,正如方程 5.1 所反映的,确定某个取值 r 上的概率密度函数涉及在参照分布分位数 $Q^0(r)$ 上,以数据来估计参照分布和比对分布两者的概率密度函数。因此,为了理解所涉及的问题,只需要考虑基于一个样本来估计一个分布的概率密度函数的问题。下面是对核密度估计的一个简单讨论,旨在让那些不熟悉密度估计的读者认识一些主要问题。

我们现在考虑一个从概率密度函数为 f 的分布 F 得到的样本 $X_1, \cdots, X_n$。既然 $f(x)$ 是 F 在 x 上的导数,我们可以将其写为:

$$f(x) = F'(x) = \lim_{\Delta \to 0} \frac{F(x + \Delta) - F(x - \Delta)}{2\Delta}$$

并且,我们可以通过取一个很小的 Δ 值并求解下式来估计 $f(x)$:

$$\hat{f}(x) = \frac{\hat{F}(x + \Delta) - \hat{F}(x - \Delta)}{2\Delta} \qquad [5.2]$$

这里,$\hat{F}(x)$ 表示基于样本的经验概率密度函数,也就是

$$\hat{F}(x) = \frac{X_i \leqslant x \text{ 的数目}}{n}$$

方程 5.2 中的分子就是落在区间 $[x - \Delta, x + \Delta]$ 上的数据点 X_i 的数目,密度估计值就是 x 附近每个单位长度上的数据点所占的比例。

改进后的密度估计有两个重要的方面。第一,刚才介绍

的简单密度估计量可以表达成以下形式：

$$\frac{1}{n\Delta}\sum_{i=1}^{n}\phi\left(\frac{x-X_i}{\Delta}\right)$$

这里，ϕ 是以如下形式定义的函数：

$$\phi(u)=\begin{cases}1/2 & (|u|\leqslant 1)\\ 0 & (|u|>1)\end{cases}$$

即区间$[-1,1]$上的均匀概率密度函数。这样的密度估计量被称为"具有核 ϕ 的核密度估计量"。在这种情况下，核是长方形的。但是，它现在被理解成，如果我们以一个关于 0 对称的修匀概率密度函数来替换这个函数，可以获取相当大的效率。第二，常数 Δ 被定义为估计量的"带宽"，Δ 的选择被证明是很关键的。选择的值太小，会得到一个偏误低但方差大的估计量，而选择的值太大，则会得到方差小但偏误高的估计量。许多统计研究一直关注选择一个最优带宽的问题，它将同时使得偏误和方差两者最小化（詹恩编写的 Stata 程序"reldist"提供了许多核密度方法来估计相对概率密度函数）。对各种方法的讨论超出了本书的范围。不过，对于读者而言，重要的是要明白，相对密度估计的方法论大大依赖于这些基本观念。

    基于应用于黑人收入和白人收入这一相同例子的 Stata 编码，我们用相对比例来对相对分布方法举例说明。首先，我们对黑人和白人内部的收入数据加以排序。十分位数将白人人口区分成 10 个等规模的段（见表 5.1 的前两列）。比如，白人中最贫穷的 10% 拥有不到 12580 美元的收入，而最富裕的 10% 至少拥有 103098 美元的收入。有 10 个十分位

数段:最小值到 12580 美元、12580 美元到 19828 美元,直至
103098 美元到白人收入的最大值。白人中的 10% 落在每一
个十分位数段内。然后,我们确定黑人在由白人的十分位数
所界定的各段内的各个比例(见第三列)。

白人的十分位数与黑人收入分布中完全不同的十分位数
相对应:白人的第一个十分位数对应着黑人的 0.234 分位数,
而白人的第九个十分位数则对应着黑人的 0.968 分位数。这
意味着,最贫穷的 23.4% 的黑人拥有不到 12580 美元的收入,
而 3.1% 的黑人(1－0.969)至少拥有 103098 美元的收入。现
在,我们准备计算白人十分位数段上的各个比例比。

我们根据他们各自的各分位数段,得到白人的比例和黑
人的比例,如第四列和第五列所示。然后,我们取一个黑人比
例与对应的白人比例的比值得到相对比例(见第六列)。相对
比例从第一段上的 2.341 下降到最高段上的 0.311。

表 5.1　黑人-白人的相对比例:SIPP(2001 年)

| 白人收入的 | 累积比例 | | 比　例 | | 相对比例 |
十分位数(y_r)	白人	黑人	白人	黑人	黑人相对于白人
最小值	0.0	0.000	—	—	—
12580	0.1	0.234	0.1	0.234	2.341
19828	0.2	0.384	0.1	0.150	1.498
26952	0.3	0.504	0.1	0.120	1.204
34199	0.4	0.601	0.1	0.097	0.969
42165	0.5	0.697	0.1	0.096	0.958
51720	0.6	0.780	0.1	0.083	0.831
62983	0.7	0.855	0.1	0.075	0.746
78067	0.8	0.914	0.1	0.059	0.590
103098	0.9	0.969	0.1	0.055	0.549
最大值	1.0	1.000	0.1	0.031	0.311

资料来源:SIPP。

图 5.2(a)展示了白人收入和黑人收入的密度函数,明显具有不同的中心位置和形状。图 5.2(b)画出了对应十分位数段上的黑人对白人的相对比例。正如上面所阐明的,我们将绘出的曲线视为对相对密度的一个近似,同时,我们看到,这一相对密度曲线是下斜的,$r = 0.4$ 下方出现了比上方更加陡峭的下降。

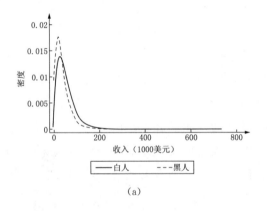

(a)

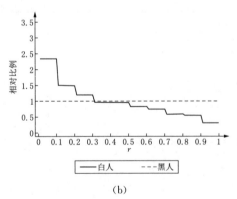

(b)

图 5.2 黑人-白人相对收入分布:
黑人-白人收入密度函数和黑人-白人相对比例

第 3 节 | **相对密度的分解**

在第 2 章中,我们介绍了有关分布的位置、尺度和形状的概念。以参照分布为基准,比对分布可被视为是通过将一些操作应用于参照分布而得到的——首先应用位置移动,然后应用尺度改变,最后是形状变化。对相对分布的研究相当于将参照分布的分位数作为首选的测量单位。相对密度分解利用这一思路来描述这三种操作的效应。

在我们关于黑人-白人收入差异的例子中,通过以白人收入分布为参照,从而使调整位置的白人收入成为比对分布,纯粹的位置移动能够以相对密度的形式描述。在保持形状不变的情况下,这一位置调整以同一数量减少每个白人家庭户的收入,以得到相同的分布中心。除纯粹的位置移动之外,两个分布在形状上不同,这通过将黑人收入与位置调整的白人收入加以比较来反映。我们可以进一步将形状变化分解到随形状变化而来的尺度改变中。

我们以一个简单的两成分分解为例来说明,这个例子描述了将一个参照先做位置移动,然后做尺度或形状改变而得到的比对分布。首先,我们创建了一个密度函数为 f^{0L} 和累积分布函数为 F^{0L} 的调整位置的参照随机变量 Y^{0L}。令 μ_Y 和 μ_Y^0 为 Y 和 Y^0 的均值,因此,调整均值的参照变量为 $Y^{0L} = Y^0 +$

$(\mu_Y - \mu_Y^0)$，而两个分布的形状仍然相同。我们可以采用代数形式将比对分布的相对密度（方程 5.1）表达为：

$$g(r) = \frac{f(Q^0(r))}{f^0(Q^0(r))} = \frac{f^{0L}(Q^0(r))}{f^0(Q^0(r))} \times \frac{f(Q^0(r))}{f^{0L}(Q^0(r))}$$

$$[5.3]$$

总之，整体相对密度为位置移动的相对密度乘以一个表达式，该表达式描述了在参照分布已被移动位置之后，使两个分布相匹配所需的额外的形状改变。请注意，所有的相对密度都以参照分布的同一个第 r 分位数 $Q^0(r)$ 为参照。

对于经验数据，y_1^0，$\cdots$，y_m^0 来自参照总体，而 y_1，$\cdots$，y_n 来自对比总体，方程 5.2 中形式的分解可以用以上所介绍的相对比例建构来进行。方程 5.2 中的每一项都可以作为参照分布的每一个估计的十分位数段 $[i/10, i + 1/10]$ 上的某一常数来进行估计，而 $[i/10, i + 1/10]$ 上 r 的相对密度表达式为两个比的积：

$$\hat{g}(r) = \frac{\hat{f}^{0L}}{\hat{f}^0} \times \frac{\hat{f}}{\hat{f}^{0L}}$$

$$[5.3']$$

我们为调整位置的参照数据引入符号 $y_i^{0L} = y_i^0 + (\bar{y} - \bar{y}^0)$，其中 $i = 1$，$\cdots$，m，因此，$\bar{y}$ 和 $\bar{y}^0$ 表示样本均值。第一个比值项为：

$$\frac{J_i \text{ 中 } y_i^{0L} \text{ 的比例}}{J_i \text{ 中 } y_i^0 \text{ 的比例}} = 10 \times J_i \text{ 中 } y_i^{0L} \text{ 的数目}$$

其中，$J_i = [Q^0(i/10), Q^0((i+1)/10)]$。这一比值项为调整位置的参照分布对于未调整参照分布的相对密度的一个估计值。第二个比值为：

$$\frac{J_i \text{ 中 } y^i \text{ 的比例}}{J_i \text{ 中 } y_i^{0L} \text{ 的比例}}$$

沿用我们有关黑人-白人收入的例子,我们使用均值调整来得到调整位置的白人收入分布。黑人的平均收入为18457 美元,低于白人的平均收入。我们将每个黑人的收入减去 18457 美元来构建调整位置的白人收入,它与黑人收入分布具有相同的均值,但保留了原始白人收入分布的尺度和形状。调整位置的白人收入对于原始白人收入的相对比例,以与整体相对比例同样的方式来取得。请注意,黑人收入对于调整位置的白人收入的相对比例,以原始未调整白人分布的分位数为参照。我们在表 5.2 中对此做了示例说明。第一列给出了原始的白人十分位数(与表 5.1 第一列相同)。第二列显示,与原始白人收入十分位数相对应的调整位置的白人收入的分位数段不再是等规模的。原始白人收入十分位数上的黑人收入密度的结果与表 5.1 中的相同。黑人对调整位置的白人的相对比例显示在该表的最后一列中。

表 5.2　黑人对于调整位置的白人的相对比例:SIPP(2001 年)

白人收入的十分位数(y_r)	累积比例		比例		相对比例
	调整位置的白人	黑人	调整位置的白人	黑人	黑人相对于调整位置的白人
最小值	0.000	0.000	—	—	—
12580	0.358	0.234	0.358	0.234	0.654
19828	0.451	0.384	0.093	0.150	1.604
26952	0.535	0.504	0.084	0.120	1.434
34199	0.610	0.601	0.075	0.097	1.294
42165	0.680	0.697	0.070	0.096	1.366
51720	0.751	0.780	0.071	0.083	1.172
62983	0.818	0.855	0.067	0.075	1.115
78067	0.881	0.914	0.063	0.059	0.944
103098	0.935	0.969	0.054	0.055	1.013
最大值	1.000	1.000	0.065	0.031	0.479

资料来源:SIPP。

　　图 5.3(a)呈现了调整位置的白人收入对于白人收入的相对密度,它刻画了位置移动。它表明,调整位置的白人在低端处存在一个高的集中。我们将此解释为,黑人-白人位置差异源于在收入分布的低端尾部不成比例地放置了更多的黑人。图 5.3(b)呈现了黑人收入对于调整位置的白人收入的相对密度,它刻画了形状改变。形状改变的相对比例在两端尾部更低,而在第二个到第五个十分位数段上更高。这

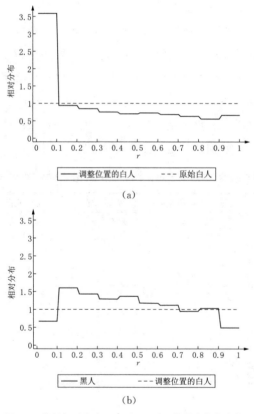

(a)

(b)

图 5.3　分解相对分布:SIPP(2001 年)的黑人和白人收入
(位置移动的相对比例和形状改变的相对比例)

揭示出,黑人-白人尺度或形状改变促成了将更多的黑人划分成中低收入者。

根据这两个相对比例,我们准备对整体相对比例进行分解,如表5.3所示。在每一分位数段上,整体比例为调整位置的白人收入对于原始白人收入的相对比例和黑人收入对于调整位置的白人收入的相对比例的乘积。

同样的思路自然地扩展至允许对整体相对密度进行三成分分解。我们可以顺利地将形状改变所对应的成分分解成尺度改变和非尺度的形状改变。令 f^{0LS} 为调整位置和尺度的参照分布的概率密度函数。方程5.1从而可被扩展成如下形式:

$$g(r) = \frac{f(Q^0(r))}{f^0(Q^0(r))} = \frac{f^{0L}(Q^0(r))}{f^0(Q^0(r))} \times \frac{f^{0LS}(Q^0(r))}{f^{0L}(Q^0(r))} \times \frac{f(Q^0(r))}{f^{0LS}(Q^0(r))}$$

$$[5.4]$$

表 5.3　整体相对比例(RP)分解为位置和
形状改变的顺序分解:SIPP(2001 年)

1	2	3	4	5	6
原始白人分布的累积比例	原始白人收入的十分位数	整体 RP	位置移动	形状改变	(4)×(5)
0	最小值	2.341	3.579	0.654	2.341
0.1	12580	1.498	0.934	1.604	1.498
0.2	19828	1.204	0.840	1.434	1.205
0.3	26952	0.969	0.749	1.294	0.969
0.4	34199	0.958	0.701	1.366	0.958
0.5	42165	0.831	0.710	1.172	0.832
0.6	51720	0.746	0.669	1.115	0.746
0.7	62983	0.590	0.625	0.944	0.590
0.8	78067	0.549	0.542	1.013	0.549
0.9	103098	0.311	0.650	0.479	0.311
1.0	最大值	—	—	—	—

资料来源:SIPP。

　　总之,整体相对比例为位置移动的相对密度、一个描述
尺度改变的密度比值项和一个对位置和尺度效应已被解释
之后所遗留的效应进行解释的密度比值项。由于各项是被
接连纳入的,其中每一个新的项就针对分布的额外修正加以
解释,所以,此分解属于顺序分解。所得到的分解关键取决
于各项被纳入的次序。比如,如果我们先对尺度进行调整,
然后对位置进行调整,结果将会是完全不同的分解。此外,
应再次指出,每一密度项都以原始参照分布的第 r 分位数为
其参数,只有分解式中的第一项比值才是相对密度,因为在
该项中,密度的参数为分母概率密度函数的分位数。

　　对于之前的分解(方程 5.3′),我们可以使用数据来将相
对比例分解成各相对比例项的乘积,其中,每一项都源于一
个特定类型的修正:

$$\hat{g}r = \frac{\hat{f}}{\hat{f}^0} = \frac{\hat{f}^{0L}}{\hat{f}^0} \times \frac{\hat{f}^{0LS}}{\hat{f}^{0L}} \times \frac{\hat{f}}{\hat{f}^{0LS}} \qquad [5.4′]$$

　　在三成分分解中,除了我们现有涉及位置以及尺度调整
的各项之外,我们还需要计算计数的比值,正如我们在两成
分分解中所做的那样。尽管方程 5.4′ 右边的最后两项由表
5.2 中说明的那样得到,但两项分解中的方程 5.4′ 处出现的各
项可像之前那样计算得到。方程 5.4′ 第二项分子中的计数为
调整位置与尺度的白人收入。对于这些计数,我们将每一个
白人的收入乘以黑人标准差对于白人标准差的比值,然后调
整平均差。比如,令 s_y 和 s_y^0 表示比对和参照数据的标准差,
那么,调整位置与尺度的参照数据会变成:

$$y_i^{0LS} = \frac{s_y}{s_y^0} y_i^0 + (\bar{y} - \bar{y}^0)$$

那么,第二个相对比例项具有以下形式:

$$\frac{J_i \text{ 中 } y_i^{\text{oLS}} \text{ 的比例}}{J_i \text{ 中 } y_i^{\text{oL}} \text{ 的比例}}$$

继续关于黑人-白人收入的例子,表 5.4 给出了顺序三成分分解,首先位置移动(第 4 列),然后尺度改变(第 5 列),最后非尺度的形状改变(第 6 列)。图 5.4 提供了位置移动之后的尺度改变和形状改变的图形样式。图 5.4(a)显示,黑人收入的尺度比白人收入的更小,集中在第二个十分位数到第七个十分位数这一段上。图 5.4(b)显示,一旦尺度差异被排除,黑人收入就比白人收入更加两极化,因为更多的黑人处在调整位置和尺度的分布的两端。

表 5.4　整体相对比例(RP)分解为位置、尺度和剩余形状改变的顺序分解:SIPP(2001 年)

1	2	3	4	5	6	7
原始白人分布的累积比例	原始白人收入的十分位数	整体 RP	位置移动	尺度改变	剩余形状改变	(4)×(5)×(6)
0.0	最小值	2.341	3.579	0.534	1.226	2.341
0.1	12580	1.498	0.934	1.665	0.964	1.498
0.2	19828	1.204	0.840	1.677	0.855	1.204
0.3	26952	0.969	0.749	1.565	0.827	0.969
0.4	34199	0.958	0.701	1.496	0.913	0.958
0.5	42165	0.831	0.710	1.341	0.874	0.831
0.6	51720	0.746	0.669	1.107	1.007	0.746
0.7	62983	0.590	0.625	0.847	1.115	0.590
0.8	78067	0.549	0.542	0.681	1.488	0.549
0.9	103098	0.311	0.650	0.483	0.991	0.311
1.0	最大值	—	—	—	—	—

资料来源:SIPP。

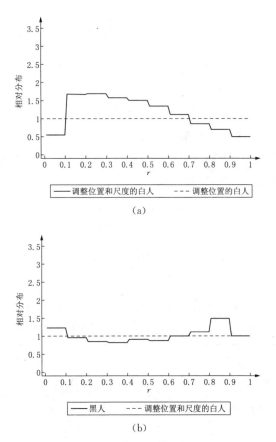

（a）

（b）

图 5.4   整体相对分布分解为位置、尺度和剩余形状改变的顺序分解：
黑人和白人收入（尺度改变的相对比例和非尺度的形状改变的相对比例）

　　尽管密度比和分解给我们提供了比较两个分布和理解
这些分布之间差异来源的工具，但是有两个特殊的概要测量
可用来简洁地刻画差异的特征。下一节，我们将继续讨论相
对熵和中位相对极化（MRP）。

第 4 节 | **相对分布的概要测量**

　　概括相对密度的测量将有助于对我们的许多研究问题提供间接的答案。比如，黑人和白人收入分布之间的分化程度有多大？当与参照分布相比较时，比对分布是如何被两极化的？相对熵和 MRP 可被用来回答这些问题。

相对熵

　　在第 3 章中，我们介绍了分配不平等的各种测量，比如泰尔不平等指数和广义熵测量。这些量测量了单一分布的内在不平等程度。替代方法之一是测量相对于某个参照分布的不平等。为此，我们引入"相对熵"的概念。给定具有正相对概率密度函数 g 的比对和参照分布，相对熵被定义为：

$$\int_{r=0}^{1} g(r)\log(g(r))dr \qquad [5.5]$$

　　此表达式明显与熵的定义相似。但是，将此表达式视为熵的一个测量却有误导性。首先，考虑到离散情况下熵的定义，我们预计方程 5.5 中有一个负号，因此，这个量测量了与熵相反的内容。即使我们修正方程 5.5 中的符号，但当我们以离散分布来逼近连续分布时，将熵的概念扩展至连续分布的情形仍然存在一些关键的技术问题,因为当区间大小减少至 0 时,我们倾向于执行的求极限的操作导致忽略了趋于无穷的一项。

理解方程 5.5 的更好的方法是使用一个分布和另一个分布的库尔贝克-莱伯勒距离概念,随后对其进行介绍。设想我们有一个观测样本 $Y_1, \cdots, Y_n$,且我们想检验的零假设为该样本取自一个概率密度函数为 p 的分布 P,针对的备择假设为该样本取自一个概率密度函数为 q 的分布 Q。尼曼-皮尔逊定理告诉我们,任一给定水平 α 上最有效力的检验为拒绝零假设的似然比检验(Neyman & Pearson,1933),前提是对数似然值

$$\log \Lambda = \log\left(\frac{\prod_{i=1}^{n} q(Y_i)}{\prod_{i=1}^{n} p(Y_i)}\right) = \sum_{i=1}^{n} \log\left(\frac{q(Y_i)}{p(Y_i)}\right)$$

超过取决于 α 的某一常数 c_α。对数似然值为独立同分布随机变量的和,因此,若假定备择假设为真,当样本规模趋于无穷大时,我们可以用大数定律得到:

$$\frac{\log \Lambda}{n} \approx E_q\left[\log\left(\frac{q(X)}{p(X)}\right)\right] = \int_{x=-\infty}^{\infty} \log\left(\frac{q(x)}{p(x)}\right) q(x) dx$$

当 q 不同于 p 时,我们预计似然比通常取接近 1 的值。因此,该值超过 1 的程度就由最后的积分来进行测量,该积分被定义为 P 距 Q 的库尔贝克-莱伯勒距离,记为 $D(P, Q)$(Kullback & Leibler,1951;Soofi,1994)。我们可以证明,该量是非负的,当且仅当两个分布重合时才取零值。我们将库尔贝克-莱伯勒距离用于测量 P 距 Q 有多远。不过,将该理解为"距离"时要谨慎,因为,如 $D(P;Q)=D(Q;P)$ 通常

并非如此。

回到相对熵(方程 5.5),我们用方程 5.1 将其重新写成如下形式:

$$\int_{r=0}^{1} \frac{f(Q_0(r))}{f_0(Q_0(r))} \log\left(\frac{f(Q_0(r))}{f_0(Q_0(r))}\right) dr$$

改变一下变量 $y=Q_0(r)$,得到 $r=F_0(y)$ 和 $dr=f_0(y)dy$。此表达式具有如下形式:

$$\int_{y=-\infty}^{\infty} \frac{f(y)}{f_0(y)} \log\left(\frac{f(y)}{f_0(y)}\right) f_0(y)dy = D(F_0;\ F) \quad [5.5']$$

即 F_0 距 F 的库尔贝克-莱伯勒距离。

以十分位数段上相对比例的形式来表达相对熵就非常直接明了。我们可将方程 5.5′写为

$$D(F:F_0) = \sum_{k=1}^{10} \left(\frac{P_k}{P_k^0}\right) \log\left(\frac{P_k}{P_k^0}\right) P_k^0$$

继续我们有关黑人和白人收入的例子,我们用方程 5.5′计算出 2001 年的整体相对熵为 0.137。

相对熵有一个重大缺陷,这可以追溯到会受对熵的属性进行重新排序影响的不变性。如果一个分布是通过打乱概率质量而由另一分布得到的,那么两个不同的相对分布将具有相同的熵。更精确地讲,如果 g 是相对密度,且对于某一保测函数[13]$h:[0,1] \to [0,1]$,有 $\tilde{g}(r)=g(h(r))$,那么,$\tilde{g}$ 和 g 具有相同的相对熵。因此,如果考虑 g 在每一个十分位数段上为常数的情形,若 g 在第十分位数段 $[(i-1)/10, i/10]$ 上取值 g_i,其中 $i=1,\cdots,10$,且 $\tilde{g}$ 也取相同的值,但两者处在不同的十分位数段上,那么,各十分位数

段被重新排序，$\bar{g}$ 和 g 的相对熵仍然相同。因此，相对密度中峰和谷的实际位置，对其相对熵并没有影响。

相对极化

如果一个分布存在向尾部而不是中部集中的倾向，那么，它就被说成是极化的。"极化"是刻画一个分布的尺度或形状的另一种方式，而且这种刻画可以是相比而言的。我们经常问，一个比对分布是否比参照分布伸展得更宽（更窄）或具有更重（更轻）的尾部？比如，我们想知道，当与白人收入分布进行比较时，黑人收入分布是否更不伸展且集中在下半部（即朝该分布的中位数集中）？相对熵并不能提供这一问题的答案。

MRP 指数测量的是比对分布相对参照分布更为极化的程度。它以比对分布相对于调整位置的参照分布的相对分布形式来定义，这里的参照分布属于调整中位数的分布，因此，两个分布的中位数相同（中位数调整优于均值调整，由于均值在偏态分布情况下的缺陷）。我们用符号 R_{0L} 表示一个随机变量，它的分布是比对分布和参照分布之间的相对分布。此随机变量可被理解成调整位置的参照分布中，等于或小于某一个从比对分布中随机抽取的值的人口所占的比例。然后，我们以绝对值来测量 R_{0L} 平均偏离 $1/2$ 多远，并通过下式将相对极化定义成该均值的一个线性变换：

$$\text{MRP}(F; F^0) = 4E\left[\left|R_{0L} - 1/2\right|\right] - 1 \qquad [5.6]$$

我们选择此线性变换（期望偏差的 4 倍减 1），得到一个

取值在−1到1之间的指数。考虑一些更重要的特例会增加这一指数的可解释性。如果两个分布在经过位置调整后重叠在一起,那么,正如前面指出的,R_{0L} 在区间[0,1]上具有均匀分布,且在这种情况下,$E[|R_{0L}−1/2|]=1/4$,这使得 MRP 指数等于 0。不存在相对极化的最极端情形为,比对人口在参照人口的中位数上集中。在这种情况下,R_{0L} 是一个取值为 1/2 的常数随机变量,因此,$E[|R_{0L}−1/2|]=0$,这使得 MRP 等于−1。最后,相对极化的最极端情形为,一半的比对人口具有与参照人口的最小值相等的取值,而另一半则具有与参照人口的最大值相等的取值。在这种情况下,R_{0L} 以 1/2 概率取 0 值,1/2 概率取 1 值,使得 $|R_{0L}−1/2|$ 成为一个等于 1/2 的常数随机变量。这时,$E[|R_{0L}−1/2|]=1/2$,那么我们看到,MRP 的取值为 1。

一个大于 0 的 MRP 表明,比较组比参照组更极化,而一个小于 0 的 MRP 则表明,比较组比参照组更不极化。因此,MRP 提供了与被比较分布的上半部、下半部上差值的方向和数量有关的信息。

MRP 指数的取值可被理解成人口从更靠近中心的位置到更不靠近中心的位置的比例改变。比如,黑人-白人收入比较的 MRP 为−0.2299,这意味着,与白人家庭户比起来,22.99% 的黑人家庭户朝中位数集中。这似乎反映出,白人的收入尺度比黑人的收入尺度更宽。

基于数据来计算 MRP 可描述如下。令 m 和 m^0 分别表示比对和参照分布的样本中位数。对于 $i=1,\cdots,n$,调整中位数的参照数据为 $\tilde{y}_i^0 = y_i^0 + (m − m^0)$。对于 $i=1,\cdots,n$,我们使用经验等级转换来将这些值转化成相对调整中位数

的数据 $\tilde{r}_i = \tilde{F}^0(y_i)$，即取值小于或等于 y_i 的调整中位数的参照数据点的比例，得到样本 MRP 为：

$$\text{MRP} = \frac{4}{n}\left(\sum_{i=1}^{n_y} |\,\tilde{r}_i - 1/2\,|\right) - 1 \qquad [5.6']$$

MRP 指数具有其他重要性质。具体而言，它是反对称的，意味着调换比对和参照将得到一个大小相同而符号相反的指数。为了理解这点，请参看图5.5，它针对具有相同中位数的比对和参照分布的模拟选择，画出了一个 $G(r)$ 的示例。中位数相同的事实确保该函数的图形通过单位正方形的中心点$(1/2, 1/2)$。如果我们令 r 为区间$[0,1]$服从均匀分布的随机变量，那么，$Q(r)$ 的分布就是从比对分布中抽样得到的随机变量 Y 的分布，同时，$F^0(Q(r))$ 具有随机变量 R 的分布。因此，我们可以写为：

$$E\,|\,R - 1/2\,| = \int_{r=0}^{1} |\,F^0(Q(r)) - 1/2\,|\,dr$$

此积分在图中被表示成以竖条填充的面积。但是，如果我们将参照和比对分布对调，正如前面看到的，我们将得到一个随机变量 $\tilde{R}$，其分布是新的相对分布，且其累积分布函数为 R 的累积分布函数的逆。此外，$E\,|\,\tilde{R} - 1/2\,|$ 为以横条填充的面积。显然，这两块面积之和为 $1/2$。因此，我们可以写为：

$$E\,|\,R - 1/2\,| + E\,|\,\tilde{R} - 1/2\,| = 1/2$$

另外，

$$(4E\,|\,R-1/2\,|-1)+(4E\,|\,\tilde{R}-1/2\,|-1)=4(1/2)-2=0$$

也就是说,这两个 MRP 指数的和为 0,换言之,MRP(F; F^0) $=$ $-$MRP(F^0; F)。

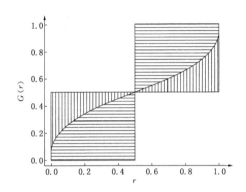

图 5.5　中位数相对极化对称性的示例说明

MRP 的一个可能缺陷仅仅在于,它未揭示分布的哪一个尾部是极化的来源。为了解决这一点,MRP 可被分解成下部和上部极化。这要求我们针对调整位置的相对分布的下半部和上半部分别进行计算。在图 5.5 中,这相当于用左下角正方形中以横条填充的部分计算下部相对极化(LRP),并用右上角正方形中的部分计算上部相对极化(URP)。那么,MRP 可被加和分解成 LRP 和 URP:

$$\text{MRP}(F; F^0) = \frac{1}{2}\text{LRP}(F; F^0) + \frac{1}{2}\text{URP}(F; F^0)$$

$$[5.7]$$

就数据而言,将调整中位数的相对数据以升序排序之后,LRP 和 UPR 可被计算如下:

$$\text{LRP}(F; F^0) = \frac{8}{n}\Big[\sum_{i=1}^{n/2}(1/2 - \tilde{r}_i)\Big] - 1$$

$$\mathrm{URP}(F;F^0) = \frac{8}{n}\Big[\sum_{i=n/2+1}^{n}(\tilde{r}_i - 1/2)\Big] - 1 \qquad [5.7']$$

我们用"reldist"(Jann, 2008)来得到这些极化测量。在比较 2001 年的黑人收入和白人收入的过程中,我们发现,MRP 在两个尾部并不是均匀分布的。LRP = −0.3152,为 URP = −0.1447 的 2 倍。因此,黑人家庭户的下半部分具有比白人下半部分更窄的宽度。下半部分中大约 16%(LRP 的一半)的黑人朝中位数集中。黑人家庭户的上半部分与白人家庭户更相似,其中只有约 7% 的家庭户朝中位数集中。综合起来,我们可以看到,黑人的分布比白人的分布更加右偏。

相对分布的趋势

相对分布方法创建了相对数据,该数据提供了分析不平等的更大的灵活性。比如,我们很想知道,黑人-白人收入分布差异如何随着时间演变。我们是否看到黑人-白人收入差异在经历了 20 世纪 70 年代的扩大之后,出现了一个停滞?我们可以用黑人-白人相对密度和顺序分解来提供图形考察,并可以用相对熵来了解整体分化,用 MRP 及其分解来了解相对极化。

表 5.5　相对熵:1985—2001 年黑人-白人收入分化趋势

年份	相对熵	年份	相对熵
1985	0.184	1993	0.170
1987	0.241	1995	0.166
1988	0.180	1996	0.140
1991	0.199	2001	0.137

资料来源:SIPP。

基于十分位上的相对比例,我们计算八个调查年份每一年的相对熵指数,结果显示在表 5.5 中。1987 年出现了最大的黑人-白人收入分化,1996 年和 2001 年分化最小。

接下来,我们比较黑人和白人分布之间的极化。与表 5.5 中单一年份的说明一样,我们使用中位数调整,同时用 reldist(Jann,2008)得到中位数、下端尾部和上端尾部的相对极化指数。因为该方法比较集中关注调整中位数后的形状差异,因此,相对极化概括了尺度改变和形状改变。相对极化提供了相对熵中未揭示的黑人和白人分布尾部之间差异的数量和方向的信息。结果见表 5.6 和图 5.6。最显著的模式是 MRP 和 LRP 随时间推移而波动,而 URP 相对保持不变。图 5.6 直观地显示了 URP 的稳定性和 LRP 的波动,这一波动影响着整体相对极化 MRP 的波动。

表 5.6　中位数相对极化(MRP)及下部和上部成分:
1985—2001 年黑人-白人收入极化趋势

年份	MRP	LRP	URP
1985	−0.2321	−0.3112	−0.1529
1987	−0.2547	−0.3648	−0.1445
1988	−0.2060	−0.2907	−0.1214
1991	−0.2407	−0.3408	−0.1407
1993	−0.2145	−0.3003	−0.1286
1995	−0.2195	−0.3217	−0.1173
1996	−0.2429	−0.3708	−0.1150
2001	−0.2299	−0.3152	−0.1447

注:MRP = 0.5(LRP + URP)。 LRP 为下部相对极化;URP 为上部相对极化。
资料来源:SIPP。

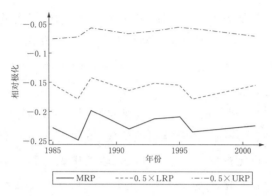

图 5.6 1985—2001 年黑人-白人收入中位数及下部和上部极化的变动趋势

相对分布分解方法如何不同于第 4 章所介绍的基尼分解等概要不平等测量分解呢？我们强调了由合并两个分布的相对分布方法所提供的许多机会。相对分布方法在概括两个分布的分化和极化方面很灵活。这些量对横断面和时间趋势研究都很有用，它们提供了补充已有概要不平等测量的不平等替代测量。比如，更大的相对熵表明比较和参照组之间更大的不平等。极化指数提供了对下尾部和上尾部敏感的测量，而概要不平等测量只对某一尾部（或者底部或者顶部）敏感。

以这些发现，我们就有能力回答本章开篇我们提出的那两个问题。1985 年到 2001 年的 17 年间，黑人-白人收入分化的波动起伏，主要归因于黑人收入分布下半部分的波动。

第 5 节 | 小结

相对分布分解方法如何不同于第 4 章中所介绍的概要不平等测量？我们展示了由合并两个分布的相对分布方法所提供的机会。相对分布方法在将整体差异分解为位置及尺度和形状改变方面很灵活。相对熵不同于之前所讨论的泰尔不平等指数和其他广义熵指数，主要是因为相对熵刻画了两个分布的分化特征。MRP 及其 LRP 和 URP 成分特别有用，因为它们在排除中位数影响的情况下，对两个分布的形状加以比较，并强调了两个尾部。我们已经使用人口子群体（黑人相对于白人）进行了举例说明。但是，相对分布方法的应用通常可以很广泛，而 MRP 尤其如此。我们可以直接将这些基于相对分布的方法用于空间比较，比如，美国内部跨区域的比较或者跨国比较，以及时间上的比较。

到目前为止，本书中所有的说明性例子都将经验数据近似看成整个总体。样本变异会导致不精确的估计值。为了避免将随机干扰理解成真实模式，我们必须处理不平等测量的推断问题，这是下一章的主题。

第 **6** 章

推断问题

在许多研究中,研究者只能得到样本数据而不是整个总体。而且,全国性调查数据通过使用多阶段整群分层抽样等复杂抽样设计的调查来收集,因此,总体中的个体经常但并不总是具有不同的被抽取概率。因此,针对某一反应变量的不平等测量做推断,就会受到比在简单随机抽样情况下更复杂的抽样变异的影响。另外,由于几乎所有的不平等测量都是结果变量的非线性函数,因此,线性化方法被用来推导更复杂的标准误,尽管考虑了调查抽样设计。最后,当样本规模较小的时候,线性化方法及其渐近假定可能是有问题的,需要采用替代方法来量化抽样变异。这些问题将在本章中加以讨论。

不平等测量,特别是基尼系数、泰尔不平等指数和阿特金森族,在趋势研究(比如,比较不同时间上的收入不平等)、比较研究(比如,比较不同国家的收入不平等)和政策研究(比如,比较各种税收政策再分配的效果)中被广泛使用。当进行此类比较时,统计显著性就变成了一个经常被忽视的重要问题。本章将处理与不平等测量和相对分布测量有关的推断问题。

宽泛地讲,有两种方法　　渐近的和自举的　　被用来处理不平等测量的推断。渐近法建立在抽样分布的正态渐近基础上。基于渐近理论的渐近标准误（ASE）和置信区间在小样本情况下可能是有偏的，而且这些估计值的小样本属性通常是未知的。自举法使用 500 到 2000 个从实际样本得到的自举法抽取样本来估计抽样分布。自举法推论统计量包括自举法标准误（BSE）和置信区间，可应用于相对较小的样本，因为它没有做渐近假定（Burr，1994；Hall，1992）。假定两种方法采用简单随机抽样，因此，两者都需要进行修改以适用于复杂调查抽样设计的情形。

杜克罗斯和阿拉尔提出了选取某一方法的一般性原则（Duclos & Araar，2006）。当观测案例数较大并且概要不平等测量估计量的抽样分布趋于正态时，我们可以放心地使用渐近法，它会得到与自举法几乎相同的结果。但是，如果估计量的抽样分布远不是正态的，渐近法会得到有偏的标准误和置信区间。

本章将渐近法和自举法两者引入单一分布的概要不平等测量或相对分布中。这些方法可以考虑调查抽样设计。我们将使用 SIPP 中的收入和财富数据作为经验例子来说明。

第 1 节 ┃ 含调查设计效应的渐近方法

　　杜克罗斯和阿拉尔的书提供了一个 Stata 程序，该程序
在考虑调查抽样设计的情况下来估计基尼系数、阿特金森
族、广义熵族、分位数比和份额以及它们的 ASE 和置信区
间。将该方法应用于经验例子之前，我们对取自他们著作的
一些基本原理加以回顾。

　　根据杜克罗斯和阿拉尔的著作，按照大数定律和中心
极限定理，有可能证明上面提到的大多数不平等测量是一
致且服从渐近正态分布的。一致性说的是，随着样本规模
趋于无穷，估计量会接近于真实的总体参数。渐近正态性说
的是，对于大样本而言，估计量的抽样分布是渐近正态的。
两位作者使用一种标准的线性化方法来推导这些不平等测
量的标准误。这一方法确保了一个给定的不平等测量的线
性渐近具有一个近似正态的分布，其中，分布的均值由真实
的总体参数近似地给出，而方差可以根据数据一致地估计而
得到。

　　复杂调查抽样设计能够影响不平等测量的标准误的精
度。美国的全国代表性样本通常使用多阶段整群分层抽样
设计。集群——比如，城市统计区（MSA）——在其内部的总
体元素之间比在集群之间更为异质。但是，层在层内比在

层间更加同质。整群抽样相当于使用一个加权抽样方案来选取想要包含的集群，而分层抽样通常涉及包含的所有层。比如，对于一项收入的种族差异研究而言，MSA 可能根据黑人居民的百分比来分层，那些黑人比例较高的 MSA 可被过度抽样，因此，比实际情况下更多的黑人受访者被包含在最终样本中。

只选择某些集群会得到一个不如总体那么多样的样本，而且这是在估计不平等测量的方差中需要加以说明的。同样，随机选取层内的元素在本质上有别于简单随机抽样，而且这一抽样设计也必须加以说明。多阶段整群分层抽样设计有时候会使总体元素之间的入选概率不相等。入选概率的倒数为抽样权重，表示一个样本元素所代表的总体元素的个数。不平等测量意在概括总体层次上的属性，但是如果未能考虑抽样权重，那么就只能对样本进行描述了。因此，抽样权重必须被用来对偏误进行修正。

我们使用 SIPP 数据来举例说明复杂抽样设计。SIPP 采用分层两阶段整群抽样设计。由于人口学和社会经济变量的多样化，层被通过对区域（东北部、中西部、南部和西部）内的小县城进行分组来构建得到。在整群抽样的第一阶段中，初级抽样单位（PSU）为集群（县、独立市和县群）。PSU 的样本从县群的每一层中抽取，同时，所有的大县和独立市都被纳入。在第二阶段中，从每一个选中的 PSU 中选取家庭户。公用 SIPP 数据中的 PSU 和层变量为准测量，以避免识别出小地理区域和小样本个体的可能。在公用 SIPP 数据中，对于 SIPP 1991 年的数据，层的数量为 73 个，PSU 的数量为 144 个。对于 SIPP 2001 年的数据，对应的数字为 105 和

201。分层整群抽样导致被选中的家庭具有不同的抽样权重。此外,并非所有被抽中的家庭户都愿意参与调查,同时,第一波中的那些参与者也并非都能被追踪到。无应答率和失访(退出)率也会影响选中家庭户的最终抽样权重。

DASP 程序,即分布分析的 Stata 程序(Duclos & Araar,2006),可用来免费取得单一不平等测量和两个总体在一个不平等测量上的差异的渐近推断。DASP 能够很轻易地被安装到 Stata 中,它能够提供对大部分标准不平等测量的调查抽样设计进行解释的 ASE。

表 6.1 的第二部分给出了收入不平等测量的估计值。其顶部呈现了未加权估计值及假定简单随机抽样下的标准误和置信区间,底部呈现了加权估计值及意在对顶部预料到的偏误进行修正的标准误和置信区间。比如,未加权的基尼系数为 0.423,大于加权的基尼系数(0.422)。未加权估计值的向上偏误存在于所有中部或顶部敏感的测量中。不过,未加权的底部敏感测量,$p10/p50$、GE_{-1} 和 A_2 都是向下有偏的,而且此偏误要比中部或顶部敏感不平等测量中的偏误更大。

既然假定了简单随机抽样,顶部的标准误估计值也将是倾向于有偏的。我们需要纳入与调查设计有关的信息,包括整群抽样信息(PSU)和分层抽样信息(STRATA)。使用 DASP 中适合于该调查设计的渐近方法,表 6.1 的底部呈现了比顶部更大的标准误和更宽的置信区间估计。比如,简单随机抽样假定下的基尼系数的 95% 置信区间为[0.420,0.427]。抽样设计被考虑之后,95% 置信区间变成了[0.417,0.427]。抽样变异差异对中部敏感测量似乎更小,而对底部或顶部敏感测量似乎更大,尤其是 GE_{-1}。

表 6.1　收入不平等测量的估计值和推断：SIPP（2001 年）

测　　量	估计值	标准误	95% 置信区间	
未考虑调查的未加权结果				
基尼系数	0.423	0.002	0.420	0.427
$p10/p50$	0.281	0.003	0.275	0.288
$p90/p50$	2.510	0.019	2.473	2.547
GE_{-1}	3.512	0.766	2.010	5.014
GE_0	0.349	0.004	0.342	0.356
GE_1	0.310	0.004	0.303	0.317
GE_2	0.405	0.009	0.388	0.422
$A_{(1/2)}$	0.149	0.001	0.147	0.152
A_1	0.294	0.002	0.289	0.299
A_2	0.875	0.024	0.829	0.922
考虑调查的加权结果				
基尼系数	0.422	0.003	0.417	0.427
$p10/p50$	0.287	0.004	0.280	0.294
$p90/p50$	2.494	0.023	2.449	2.540
GE_{-1}	3.859	0.893	2.090	5.629
GE_0	0.346	0.004	0.337	0.354
GE_1	0.308	0.005	0.299	0.317
GE_2	0.404	0.010	0.384	0.425
$A_{(1/2)}$	0.148	0.002	0.145	0.152
A_1	0.292	0.003	0.286	0.298
A_2	0.885	0.024	0.839	0.932

资料来源：SIPP。

对不平等测量的兴趣并不仅限于单一总体的分析，我们也对总体之间的比较感兴趣。在比较两个总体的过程中，我们经常想对两个总体之间在某一不平等测量上的差异为 0 的零假设加以检验，这是 DASP 能够完成的一项任务。现在，我们来考虑对美国 1991 年和 2001 年之间的收入不平等进行比较的例子。表 6.2 给出了 1991 年和 2001 年家庭户的收入及其差值（2001 年的取值减去 1991 年的取值）、与表 6.1 中相同的一套不平等测量的点估计值、标准误、t 比值、p 值和95％置信区间。2001 年的收入不平等显著地高于1991 年的证据是较强的。尽管平均收入（以美元计算）从 1991 年的 48065 美元增加到 2001 年的 51250 美元，但人口下半部分的收入却停滞不前，正如 $p10/p50$ 分位数比的不显著变化所表明的。相反，上半部分出现了不相称的增长：比值 $p90/p50$ 从 2.29 上升到 2.49，且变化是显著的。这一分化使得所有其他的不平等测量在这 10 年间都出现了显著的增加。比如，底部敏感的 GE_{-1} 从 1.3741 增加到 3.8592，顶部敏感的 GE_2 从 0.2677 上升到 0.4041，中部敏感的测量出现了更细微的增长，如基尼系数从 0.3823 增长到 0.4216。

表 6.2　检验收入不平等测量上的差异：SIPP(1991 年和 2001 年)

测　　量	估计值	标准误	t	$p>t$	95％置信区间	
基尼系数_91	0.3823	0.0023	164.6	0.000	0.3776	0.3869
基尼系数_01	0.4216	0.0025	169.6	0.000	0.4167	0.4265
差值	0.0393	0.0034	11.6	0.000	0.0326	0.0460
$p10/p50$_91	0.2904	0.0051	56.4	0.000	0.2801	0.3007
$p10/p50$_01	0.2865	0.0035	81.5	0.000	0.2795	0.2935
差值	−0.0039	0.0062	−0.6	0.533	−0.0162	0.0084
$p90/p50$_91	2.2941	0.0222	103.3	0.000	2.2498	2.3383
$p90/p50$_01	2.4943	0.0228	109.5	0.000	2.4492	2.5395
差值	0.2002	0.0318	6.3	0.000	0.1375	0.2630
GE_{-1}_91	1.3741	0.3124	4.4	0.000	0.7513	1.9969
GE_{-1}_01	3.8592	0.8925	4.3	0.000	2.0896	5.6288
差值	2.4851	0.9456	2.6	0.010	0.6191	4.3511
GE_0_91	0.2851	0.0042	67.7	0.000	0.2767	0.2935
GE_0_01	0.3457	0.0043	80.4	0.000	0.3371	0.3542
差值	0.0606	0.0060	10.1	0.000	0.0487	0.0725
GE_1_91	0.2407	0.0031	78.7	0.000	0.2346	0.2468
GE_1_01	0.3078	0.0045	68.8	0.000	0.2989	0.3166
差值	0.0671	0.0054	12.4	0.000	0.0564	0.0778
GE_2_91	0.2677	0.0044	61.1	0.000	0.2590	0.2764

续表

测　　量	估计值	标准误	t	$p > t$	95% 置信区间	
GE_2_01	0.4041	0.0104	39.0	0.000	0.3835	0.4246
差值	0.1364	0.0112	12.1	0.000	0.1142	0.1586
$A_{(1/2)}\_91$	0.1216	0.0015	81.6	0.000	0.1186	0.1245
$A_{(1/2)}\_01$	0.1482	0.0017	85.1	0.000	0.1447	0.1516
差值	0.0266	0.0023	11.6	0.000	0.0221	0.0311
A_1_91	0.2480	0.0032	78.3	0.000	0.2417	0.2544
A_1_01	0.2923	0.0030	96.0	0.000	0.2862	0.2983
差值	0.0442	0.0044	10.1	0.000	0.0355	0.0529
A_2_91	0.7332	0.0445	16.5	0.000	0.6445	0.8219
A_2_01	0.8853	0.0235	37.7	0.000	0.8387	0.9319
差值	0.1521	0.0503	3.0	0.003	0.0528	0.2513

资料来源:SIPP。

　　群体收入差异如何影响总的收入不平等呢? 第 4 章中讨
论过的加和分解原则表明,广义熵族满足这个原则。表 6.3 呈
现了按种族群体的泰尔不平等指数,即 GE_1 的分解及其推断
统计量。另外,我们只使用有关黑人和白人的数据,因此,总
体泰尔不平等指数的估计值与表 6.3[①] 中的不同。总泰尔不
平等指数为0.3052,组间成分是组间泰尔不平等指数 0.0081,
解释了总量中的2.7%,而组内成分为0.2971,解释了总量中的
97.3%。组内成分为组泰尔不平等指数的加权和,权重是总份
额与组均值对总均值之比的乘积。就白人来看,此加权的组
泰尔不平等指数的贡献为 0.2669(总量的 87.5%);就黑人来
看,则为0.0003(总量的 9.9%)。该表以绝对值和相对值两种
形式提供了总的和分组别的泰尔不平等指数、总份额、组均值
对总均值之比以及加权分组别的贡献的标准误。所有这些统

---

　　① 原文此处误为"表 6.2"。——译者注

计量都显著地区别于 0。泰尔不平等指数,即参数 θ 为 1 时的广义熵测量,属于中部敏感的测量。随着 θ 的上升,白人的贡献也在增加,而黑人的贡献则在下降。就 GE_2 而言,白人的相对贡献变成了 91.7%,而黑人的则为 6.4%。反方向而言,对于 GE_1,白人的贡献更低,处在71.7%,而黑人的则更高,处在 28%。

表 6.3　按种族的收入泰尔不平等指数分解:SIPP(2001 年)

组　群	测量	总份额	$(mu\_k/mu)\wedge\theta$	绝对贡献	相对贡献
1. 白人	0.2949	0.8633	1.0483	0.2669	0.8746
	0.0047	0.0025	0.0021	0.0044	0.0038
2. 黑人	0.3175	0.1367	0.6950	0.0302	0.0988
	0.0094	0.0025	0.0121	0.0013	0.0046
组内	—	—	—	0.2971	0.9734
	—	—	—	—	—
组间	—	—	—	0.0081	0.0266
	—	—	—	0.0001	
总和	0.3052	1.0000	—	0.3052	1.0000
	0.0045	0.0000	—	0.0045	0.0000

资料来源:SIPP。

　　收入代表着家庭户的资源流动,而财富则反映了存量。美国的财富不平等在同一时期是如何演变的呢? 我们使用 SIPP 财富数据来考察允许资产净值为负值的不平等测量在 1991 年与 2001 年之间的差异。基尼系数、基于分位数的测量和 GE_2(变异系数平方的一半)都能够处理负资产净值和零资产净值,结果呈现在表 6.4 中。首先,我们注意到,资产净值的基尼系数远远大于收入的基尼系数。此外,基尼从 1991 年的 0.6944 到 2001 年的 0.7635,增加了 0.069。这一增量是显著的。比值 $p25/p75$ 显著地下降,这表明中间 50% 的人口在财富上的分化。同样,比值 $p50/p90$ 也下降了,意味着典型的美国家庭户当时比最富足的 5% 更穷。我们也来看看下半部分的份额与最高 5％ 的份额的份额比。此份额比表明，家庭户财富相对于最高 5％，增长得有多快。最后，通常与方差和变异系数等价的 GE_2 大大增加，它反映了顶部末尾的情况。

表 6.4　检验财富不平等测量估计值的差异：SIPP（1991 年和 2001 年）

测　量	估计值	标准误	t	$p > t$	95％置信区间	
基尼系数_91	0.6944	0.0035	197.5640	0.0000	0.6874	0.7014
基尼系数_01	0.7635	0.0142	53.8138	0.0000	0.7354	0.7916
差值	0.0691	0.0146	4.7260	0.0000	0.0402	0.0979
$p25/p75$_91	0.0378	0.0025	15.0647	0.0000	0.0328	0.0428
$p25/p75$_01	0.0216	0.0017	12.9010	0.0000	0.0183	0.0250
差值	−0.0162	0.0030	−5.3537	0.0000	−0.0221	−0.0102
$p50/p90$_91	0.1014	0.0023	44.0190	0.0000	0.0968	0.1060
$p50/p90$_01	0.0840	0.0017	49.6032	0.0000	0.0807	0.0874
差值	−0.0174	0.0029	−6.0757	0.0000	−0.0230	−0.0117
sb50/st5_91	0.1244	0.0052	23.7494	0.0000	0.1140	0.1349
sb50/st5_01	0.0449	0.0120	3.7496	0.0003	0.0212	0.0687
差值	−0.0795	0.0131	−6.0798	0.0000	−0.1053	−0.0537
GE_2_91	1.4758	0.0635	23.2430	0.0000	1.3492	1.6023
GE_2_01	40.9671	30.0551	1.3631	0.1758	−18.6265	100.5608
差值	39.4914	30.0551	1.3140	0.1917	−19.8211	98.8039

资料来源：SIPP。

表 6.5　按种族群体的财富不平等测量分解：SIPP（2001 年）

组　群	GE_2	总份额	均值比平方	绝对贡献	相对贡献
1. 白人	37.3750	0.8629	1.2553	40.4847	0.9982
	27.1211	0.0025	0.0064	29.5457	0.0013
2. 黑人	3.3032	0.1371	0.0586	0.0266	0.0007
	0.4014	0.0025	0.0067	0.0059	0.0006
组内	—	—	—	40.5113	0.9989
	—	—	—	0.0456	0.0011
组间	—	—	—	0.0456	0.0011
	—	—	—	0.0009	
总和	40.5569	1.0000	—	40.5569	1.0000
	29.5442	0.0000	—	29.5442	0.0000

资料来源：SIPP。

我们以 GE_2 为例,进一步考察种族群体如何影响总财富不平等(见表6.5)。与针对家庭户收入的分解类似,我们只看黑人和白人的子群体。GE_2 组内成分的权重不同于 GE_1(泰尔不平等指数),因为我们使资产净值的组均值对总均值之比平方。表 6.5 显示,白人资产净值的 GE_2 远远大于黑人的情况。总 GE_2 中只有 0.1% 受到了组间成分的影响,而其余 99.9% 源于组内成分,其中,白人种族群体的多样性贡献了总 GE_2 的 99.8%,而黑人种族群体的多样性实际上对总 GE_2 并无贡献,因为 0.07% 并不显著地区别于 0。

使用表 6.1 到表 6.5,我们已经示例性地说明了意识到样本并非总体及恰当地考虑复杂调查设计的重要性。调整调查设计的渐近方法得到恰当的推断统计量。DASP 程序使对各种不平等测量调整调查设计的渐近方法变得更便利。对于小样本和基于相对分布的不平等测量,自举法更恰当。下一节我们将介绍这一方法。并无此需要的读者可以跳到下一章。

第2节 | **自举方法**

自从艾福荣及蒂鲍希拉尼推广自举方法以来（Efron，1979；Efron & Tibshirani，1993），它已被应用到诸多统计推断问题上。ASE 建立在解析的线性渐近逼近基础上，而 BSE 则建立在强力计算重复抽样思路的基础之上。下面，我们先简单地介绍标准的自举法（更详细的内容见 Mooney & Duval，2003）。我们还将简单讨论考虑了调查设计的自举法（Duclos & Araar，2006）。

自举法基本原理

以一个随机数种子开始，我们从规模为 n 的实际数据样本中，以回置方式重复抽取规模为 n（或者 n 足够大时，一个小于 n 的规模）的 B 个（比如，500 至 2000）随机样本。每一个自举法样本都略微不同于实际样本，同时，各自之间也都略有不同，原因在于采用了回置抽样[①]——某些观测案例将

[①] 也译为"重置抽样""重复抽样"或"有放回的抽样"等，是指从总体单位中抽取一个单位后，将其放回总体中，然后再抽取下一个单位，这种连续抽取样本的方法就被称做"回置抽样"。由此可见，回置抽样时，总体单位数在抽选过程中始终未减少，总体而言，各单位被抽中的可能性前后相同，而且各单位有被重复抽中的可能。——译者注

在自举法样本中出现多次，而其他的将被忽略掉。此外，重要的是要注意，当执行重复抽样时，样本是独立获取的。所得的 500 到 2000 个估计的不平等测量（比如，基尼系数）构成了一个分布，该分布近似于基尼系数估计量的抽样分布。如果想复制整个过程，相同的随机数种子必须被用来取得完全相同的抽样分布。自举法包含两个步骤的 B 次操作：

首先，以回置抽样方式从规模为 n 的样本中抽取一个规模为 n 的自举法样本。其次，使用这第一个自举法样本计算所关注的不平等测量，得到 B 自举法估计值，这些将被用来计算自举法推断统计量。

为了取得 BSE，我们只需要计算自举法样本的标准差。我们经常使用 $B=500$ 来生成 BSE，用 1.96BSE 可以计算围绕自举法均值的 95％置信区间。

接下来，我们放松估计值抽样分布的正态性假定。方法之一被称作"百分位数法"。如果我们有 999 次试验，并将估计的不平等测量（比如，基尼系数）从低到高加以排序，那么，95％置信区间就以第 25 个和第 975 个基尼系数为界。因为 999 个估计的基尼系数值都没有出界，因此，95％置信区间也不会出界。我们用一个更大数量的重复样本（比如，1000 至 2000）来产生基于百分位数的置信区间。与替代方法相比，基于百分位数的置信区间表现优异（Burr, 1994）。

若干程序已被发展出来用于应对估计值的自举法分布可能的有偏，包括偏误修正百分位数法以及偏误修正和加速法（Efron & Tibshirani, 1993；Mooney & Duval, 1993）。这里，我们对只涉及偏误修正因子的偏误修正百分位数法进行说明。此方法针对中位数上的偏误来调整区间的上下限

(Efron & Tibshirani，1986)。

　　首先，计算偏误修正因子是与比用实际数据得到的估计值更小的自举法估计值的比例相对应的标准正态分数。令 $\hat{I}$ 为以实际数据得到的不平等测量，$\hat{I}^*$ 为以自举法样本得到的不平等测量，而 z_0 为偏误修正因子。我们定义 $z_0 = \Phi^{-1}[\Pr(\hat{I}^* < \hat{I})]$，其中，$\Phi$ 是标准正态累积分布函数，Φ^{-1} 是其逆函数，也就是分位数（百分位数）函数。比如，小于实际估计值的自举法估计值的比例为 0.55，那么，对应的标准正态分数 $z_0 = 0.125$。

　　其次，以这一偏误修正因子对被用来计算想要的置信区间界限的百分位数进行修正：$\mathrm{CI}_{1-\alpha} = [G^{-1}(\Phi(z_{\alpha/2} + 2z_0)), G^{-1}(\Phi(z_{1-\alpha/2} + 2z_0))]$，其中，$G^{-1}(\cdot)$ 为估计的不平等测量的分位数函数。我们基本上使用不同的百分位数来调整中位数偏误。比如，对于 95% 置信区间，$z_{\alpha/2} = -1.96$ 且 $z_{1-\alpha/2} = 1.96$。在中位数偏误的例子中，我们并未使用 1000 次重复中的第 25 个和第 975 个自举法估计值。我们通过加上偏误修正因子的 2 倍，$2z_0 = 2 \times 0.125 = 0.25$，对 z 分进行修正。因此，对于下限，偏误修正的 z 分变成了 $-1.96 + 0.25 = -1.17$，而对于上限，则为 $1.96 + 0.25 = 2.21$。对应的累积密度为 0.044 和 0.986。因此，偏误修正百分位数法得到了以第 44 个自举法估计值为下限和第 986 个自举法估计值为上限的 95% 置信区间。

　　此偏误修正方法假定自举法估计的标准误对所有的估计值都是不变的。当这一假定不成立时，就需要做进一步的调整。有兴趣的读者可参看艾福荣和蒂鲍希拉尼有关加速方法和偏误修正方法的内容(Efron & Tibshirani，1993:186)。

研究者可以使用乔利夫等人编写的 Stata 程序"ineqerr"来获得所选取不平等测量的自举法推断统计量(Jolliffe & Krushelnytsky,1999)。"ineqerr"会给出基尼系数、泰尔不平等指数和对数方差的基于正态性的、基于百分位数的和偏误修正的自举法置信区间。

使用类似的程序,自举方法也可被用来检验两个总体之间在一个不平等测量上的差异是否显著地不同于 0。根据从两个实际样本中再抽取的样本,我们估计了这两个样本之间在一个不平等上的差异。这些得到的差异估计与此差异抽样分布近似。参见杜克罗斯和阿拉尔的著作(Duclos & Araar,2006)。

相对分布测量的自举法推断

相对分布方法用于考察比对分布对参照分布所得到的整个相对分布,概要测量可根据此相对分布得到。因为这些概要测量估计量的渐近性质是未知的,所以我们利用自举法标准误和自举法置信区间的稳健性。

这一程序可描述为四个步骤:

第一,以回置抽样方式,从参照组样本中抽取一个自举法样本,同时从比较组样本中抽取一个自举法样本。

第二,根据这两个第一轮的自举法样本,我们创建了自举法相对数据,根据这一数据,我们得到第一轮的概要测量。

第三,将步骤 1 和 2 重复 1000 次。

第四,所得到的概要测量的自举法分布的中部 95% 界定了这些概要测量的 95% 置信区间。前面讨论过的偏误修正方法可被应用于自举法置信区间。

在将黑人收入分布(比较组)与白人收入分布(参照)进行比较的过程中,我们用来自 1000 个自举法样本的相对熵估计值来获得推断统计量(见表 6.6)。观测的相对熵为 0.1375。基于百分位数的 95％置信区间为[0.1204,0.1576],而偏差修正的区间为[0.1187,0.1546]。这些结果反映了黑人收入分布和白人收入分布之间的一个显著分化。具体而言,偏误修正的置信区间显示,相对熵的下限为 0.1187,上限为 0.1546。基于实际数据的中位数相对极化(MRP)被估计为 −0.2248,其 95％置信区间为[−0.2467,−0.2028],偏误修正的区间为[−0.2475,−0.2033]。这两种置信区间也由下部相对极化(LRP)和上部相对极化(URP)提供。这表明,黑人收入比白人收入更不极化,而且 LRP 对 MRP 的解释量是 URP 的两倍[①],因为 LRP 的上限(根据偏误修正的 CI,为 −0.2717)远低于 URP 的下限(−0.1686)。

**表 6.6　黑人收入和白人收入之间相对熵
和相对极化的自举法推断:SIPP(2001 年)**

| 测量 | 实际的样本估计值 | 自举法样本 | | | |
| | | 基于百分位数的 CI | | 偏误修正的 CI | |
		第 25 个	第 975 个	第 25 个	第 975 个
RE	0.1375	0.1204	0.1576	0.1187	0.1546
MRP	−0.2248	−0.2467	−0.2028	−0.2475	−0.2033
LRP	−0.3095	−0.3497	−0.2745	−0.3462	−0.2717
URP	−0.1401	−0.1656	−0.1104	−0.1686	−0.1130

注:LRP 为下部相对极化;MRP 为中位数相对极化;RE 为相对熵;URP 为上部相对极化。自举法推断基于1000个自举法样本。MRP = 0.5 × LRP+0.5 × URP。
资料来源:SIPP。

[①]　原文此处有错,变成了 LRP 与 LRP 自己的比较,这里将后一个 LRP 改正为 URP。——译者注

含调查抽样设计的自举法

当自举法抽样被用到复杂调查设计的情形中时,我们需要考虑该设计,以得到估计值的恰当标准误。复杂调查设计经常包含集群和根据一些特征所形成的层。与简单随机抽样相比,聚群会增加标准误,而分层则会减少标准误。复杂调查设计往往会使最终抽样单位具有不同的抽样权重。抽样权重被用来估计加权统计量,但它对调整这些加权统计量的标准误并无帮助。

当使用调查数据时,我们应当对调查抽样设计保持警觉,并设法得到与调查设计有关的三个基本变量——初级抽样单位、层和抽样权重。因为 PSU 和层都是涉及地理编码的,因此,调查组织方为保护隐私的惯常做法是不提供实际的 PSU 和层。一些调查会提供与原始设计近似的准 PSU 和层,SIPP 数据就属于这种情形。根据调查的自举涉及从每一层抽取自举法样本的行为(Biewen, 2002; Biewen & Jenkins, 2006; Duclos & Araar, 2006)。Stata 中的"bsample"命令通过设定层和 PSU 的选项,允许对调查设计加以考虑。一个由杜克罗斯和阿拉尔编写的、用于进行分布分析的独立软件包 DAD,专门对一套不平等测量以复杂调查数据来执行自举法。本·詹恩编写的 Stata 程序"reldist"对相对极化及其分解的估计来自复杂调查数据的自举法标准误(Jann, 2006)。我们将在最后一章的真实例子中展示这些工具的使用方法。

渐近方法和自举方法的表现

正如上面提到的,杜克罗斯和阿拉尔建议,当样本规模较大且概要不平等测量估计量的抽样分布趋于正态时,我们可以放心地使用渐近方法(Duclos & Araar, 2006)。含混不清的问题是,多大的样本规模才足够大? 另一个很不清楚的问题在于,不平等测量的不同类型之间的抽样变异,以及不平等测量对其敏感的分布的不同区域之间的抽样变异是否存在差异? 为了给出这些问题的答案,我们进行蒙特卡洛实验,大致将 SIPP 2001 年的收入数据集视为一个全部人口,我们可以对它计算出五个不平等测量的"真实"值:基尼系数(中部敏感的)、阿特金森指数 $A_{1/2}$(中部敏感的)、泰尔不平等指数(中部敏感的)、GE_{-1}(底部敏感的)和 GE_2(顶部敏感的)。我们利用抽样过程的蒙特卡罗模拟来确定这两个置信区间技术的表现。我们重复地从总体中抽取样本,并将它们视为在收集样本数据时得到的样本,同时,对真实的不平等测量构建一个置信区间。通过重复这一过程,我们能够凭借正确实现以 95% 概率包含真值(包含概率)的能力及其长度和形状,来确定置信区间技术的表现。

为了比较渐近方法和自举方法,我们考虑下面两种情形:小样本规模(100)和大样本规模(1000)。实验目的是用三个标准来评估 95% 置信区间的表现:(1)95CI 包含真值的概率(95% 被认为是一个好表现);(2)95CI 的平均长度;(3)以上界对下界的比值(被期望接近于 1)来描述的 CI 的形状。

对于渐近方法,我们以无回置方式抽取任一规模的一个样本,用杜克罗斯和阿拉尔的 DASP 程序得到 95％置信区间,并重复这一步骤 1000 次。基于这 1000 个置信区间,我们得到上述三个标准的概要值。对于自举方法,我们以回置方式抽取任一规模(100 或 1000)的一个样本,并重复使用自举抽样百分位数法和自举抽样偏误修正和加速(BCa)法 1000 次。为了确保一个公正的比较,我们对三种方法都使用相同的自举法抽取。抽取样本和建构置信区间这一步再次被重复 1000 次,然后,我们得到三个标准的概要值。

比较这两种方法之间和各不平等测量之间的这些标准有以下建议。第一,如果样本规模为 1000 或更大,那么,渐近方法可被放心使用,因为渐近方法和自举方法的表现几乎完全一样,而自举方法需要密集的计算时间。第二,当样本规模比较小的时候,比如 100,渐近方法和自举方法呈现出较差的表现。BCa 方法只是略微对百分位数方法有所改进。因此,我们并不推荐将 BCa 方法作为常规做法。此外,并不存在与自举方法相联系的很大收益。在两种方法中,建立在估计量标准误的估计值基础上的置信区间比其应当呈现的情况更窄,这意味着,标准误估计值是向下有偏的。比如,在小样本情况下,基尼系数的 95CI 包含概率约为 90％。第三,不同类型的不平等测量之间的抽样变异存在巨大的差异,基尼系数更低(更精确)而阿特金森指数和广义熵测量则更高(更不精确)。抽样变异也会随着不平等测量在其上敏感的分布的区域而变动:中部敏感的为最低,顶部敏感的为次低,而底部敏感的则很高。具体而言,即使对于大样本(1000),包含 GE_{-1} 真值的 CI 的百分比约为 60％,而且,当样本规模为 100 时,这一包含概率很差(<20％)。因此,在对底部敏感的不平等测量的推断进行解释时,我们必须小心谨慎。[14]

第3节 | 小结

本章对不平等测量的推断进行了讨论。我们使用包含了复杂调查设计的 DASP 程序,举例说明了渐近标准误、置信区间和一套不平等测量的假设检验的计算。我们也对以标准自举方法对基于相对分布的不平等测量进行推断做了说明。此外,我们也介绍了针对复杂调查数据的自举方法。我们突出了对不平等测量进行推断的重要性,因此能够以一定的把握度将其一般化到总体中。

到现在为止,我们的关注点一直是整个人口或两个人口之间的不平等。不平等的来源经常不仅仅包括一个分组变量。两个群体之间不平等的模式会将分组变量的效应与其他因素的效应混淆。为了可信地描述在控制其他因素的情况下两个群体之间的差异,我们转向基于模型的方法,这是下一章的主题。

第 **7** 章

分析不平等趋势

第 1 节 | 分析不平等趋势

不平等研究关注一个总体的属性的不均匀分布,比如收入。这一属性与某些总体特征有关,比如种族、教育和年龄。两个时期之间,影响该属性边际分布的总体特征的构成和给定这些特征情况下该属性的条件分布可能有变化。因此,特征构成的变化和控制特征不变的情况下,属性分布的变化会影响不平等测量的趋势。这里,我们介绍一种方法,它将不平等测量的变化分解为构成成分和条件成分(Machado & Mata,2005)。请参见迪那多等人以及詹金斯和凡·克尔曼著作中关于密度分解的相关主题(DiNardo et al.,1996;Jen-kins & Van Kerm,2005)。

请考虑一个简单的情形,即属性是收入,特征是种族,其中,黑人是少数而白人是多数。收入不平等随时间推移而出现的整体变化源于两个不同的成分——种族构成上的变化和给定种族情况下,收入的条件分布上的变化。这两个成分上变化的结合可以在三个不同的方面,对变化中的不平等产生影响:第一,黑人-白人收入差距的增大且更大的黑人比例毫无疑问会加剧不平等;第二,黑人-白人收入差距的减小且更小的黑人比例毫无疑问会减轻不平等;第三,黑人-白人收入差距的增大(减小)且更小(更大)的黑人比例将使不平等出现一个整体变化。因此，重要的是区分每一个来源的贡献。为此，我们使用一种反事实分解方法进行分析（Machado & Mata，2005）。

反事实方法的关键要素是，创建一个真实世界中并不存在的反事实分布：在给定另一时期的协变量的情况下，一个时期的条件反应分布。在介绍此方法之前，我们将条件分布定义为给定协变量情况下，反应变量的分布，将联合分布定义为反应变量和协变量共同的分布，而将边缘分布定义为不考虑协变量情况下的非条件分布。边缘分布可以通过对协变量所有取值上的联合概率质量（密度）函数求和（更一般而言，求积分）得到。这一根据联合分布得到边缘分布的过程被称为"边缘化"。

令 y 为家庭户收入（略去了家庭户的下标），并令 x 为一个协变量，它可以是连续的（比如，能力）或离散的（比如，种族）。我们用 C_t 来表示 t 时 x 的构成，用 $F(y;C_t)$ 来表示 y_t 的边缘分布。请注意，这是个实际分布而不是反事实的。当我们考虑不同时间 s 时的协变量的构成并使用 t 时 y 的条件分布时，我们就得到了一个反事实的边缘分布，将其记为 $F(y_t;C_s)$。概要不平等测量 I 上从时间 1 到时间 2 的变化由 $\Delta I = I_2 - I_1 = I[F(y_2;C_2)] - I[F(y_1;C_1)]$[①]给出。通过引入一个反事实边缘分布，我们从代数上可以将这一变化表达如下：

$$\Delta I = \{I[F(y_2;C_2)] - I[F(y_2;C_1)]\} \qquad [7.1]$$
$$+ \{I[F(y_2;C_1)] - I[F(y_1;C_1)]\}$$

---

① 原文此处多了两个左括号，已删除。——译者注

其中,第一项 $I[F(y_2;C_2)]-I[F(y_2;C_1)]$ 反映了在固定条件分布的情况下,协变量构成变化的贡献;$I[F(y_2;C_1)]-I[F(y_1;C_1)]$ 反映了在给定协变量,即固定构成的情况下,条件反应分布上变化的贡献。

在方程 7.1 中,反事实不平等固定了时间 1 处的协变量构成和时间 2 处的条件反应分布 $F(y_2;C_1)$。一个相反的顺序是,固定了时间 2 处的协变量构成和时间 1 处的条件反应分布 $F(y_1;C_2)$。分解方程变成 $\Delta I = \{I[F(y_1;C_2)]-I[F(y_1;C_1)]\}+\{I[F(y_2;C_2)]-I[F(y_1;C_2)]\}$。两种顺序之间的结构也许不同。我们可以取它们的平均值作为最终的分解。

反事实分布在 x 为取值为 0 或 1 的二分变量的特殊情况下很容易理解。在这一情形中,在任一给定的时期 t 中,属性 y 只有两个条件分布需要考虑,即 $x=0$ 时 y 的条件分布和 $x=1$ 时 y 的条件分布。我们用 $f_t(y|0)$ 和 $f_t(y|1)$ 来表示 t 时 $x=0$ 或 $x=1$ 的情况下,y 条件概率密度函数或概率质量函数(PMF),用 $c_t(0)$ 和 $c_t(1)$ 分别表示 $x=0$ 和 $x=1$ 时的人口比例。那么,y 在 t 时的边缘概率密度函数(非反事实的)为:

$$f_t(y\mid 0)c_t(0)+f_t(y\mid 1)c_t(1)$$

它具有两个条件分布的加权平均值的形式。然而,当我们基于不同时间 s 处的(协变量)构成来构建 t 时的反事实分布时,我们使用相同的条件分布和一个不同时间上的比例,分别以 $c_s(0)$ 和 $c_s(1)$ 替换人口比例 $c_t(0)$ 和 $c_t(1)$,得到:

$$f_t(y\mid 0)c_s(0)+f_t(y\mid 1)c_s(1)$$

为了用统计软件进行计算，将基于此反事实分布的不平等测量的计算当作通过使用包含反事实抽样权重的不平等测量而得到的是有帮助的。定义两个权重 $w(0) = c_s(0)/c_t(0)$ 和 $w(1) = c_s(1)/c_t(1)$，我们可以重新将 t 时的反事实表达为：

$$f_t(y \mid 0)c_t(0)\left(\frac{c_s(0)}{c_t(0)}\right) + f_t(y \mid 1)c_t(1)\left(\frac{c_s(1)}{c_t(1)}\right)$$

$$= f_t(y \mid 0)c_t(0)w(0) + f_t(y \mid 1)c_t(1)w(1)$$

它基本上是 t 时的一个加权边缘分布。比如，1991 年时（s 时），有 2285 名黑人和 15369 名白人被抽中作为样本个体，而 2001 年时（t 时），有 3403 名黑人和 20182 名白人被抽中作为样本个体。对于顺序 1 的反事实，$c_s(1) = 0.1443$ 且 $c_t(1) = 0.1296$。然后，权重被计算为 $w(1) = 0.1296/0.1443 = 0.8897$，$w(0) = 0.8704/0.8557 = 1.0076$。对于顺序 2 的反事实，权重被计算为 $w(1) = 0.1443/0.1296 = 1.1134$，$w(0) = 0.8557/0.8704 = 0.9831$。这些权重在计算不平等测量的过程中，应被处理成分析性权重。[15]

这种二分变量的情形可被推广至多类别的情形。设想有 K 个类别，因此 x 从 $1, \cdots, K$ 中取值。第 k 个类别的人口比例被记为 $c(k)$。每个类别的权重为：

$$w(k) = \frac{c_s(k)}{c_t(k)}$$

我们可以直接用这些权重来计算加权不平等测量，并以 DASP 程序来检验它们差异的显著性。以这种方式，反事实分解可被应用于任何概要不平等测量。表 7.1 给出了基尼系数 G、泰尔不平等指数 T 和广义熵 GE_2。我们对两种反事实

排序之间的成分求平均值,在本例中,两者相似。结果表明,
种族既定情况下的条件收入分布对整体不平等的压倒性影
响(97.4%—97.9%)在这 10 年间有所变化。

在我们的例子中,种族既定情况下的条件收入分布与给
定教育情况下的条件收入分布混淆在一起,仅仅根据种族来
进行的简单分析具有误导性。通常,我们会引入多类别和连
续协变量来更好地解释反应变量。当存在多个分类变量或
恰好一个协变量为连续变量时,上述方法并不适用。要在这
些更复杂的情形中,得到与上面我们对单一分类协变量所做
的分析类似的趋势分析,需要引入一种基于模型的分解,我
们在模型中以一些协变量来表达反应变量的分布。我们现
在转向一种基于模型的分解方法。

表 7.1　收入不平等的非基于模型的分解:SIPP(2001 年)

分　　解	G	T	$A_{1/2}$
1991 年实际的:$F(y_1;C_1)$	0.381	0.240	0.121
2001 年实际的:$F(y_2;C_2)$	0.422	0.307	0.148
整体变化	0.041	0.067	0.027
反事实顺序 1:$F(y_2;C_1)$			
构成成分	0.001	0.001	0.001
条件成分	0.040	0.066	0.027
反事实顺序 2:$F(y_1;C_2)$			
构成成分	0.001	0.002	0.001
条件成分	0.039	0.066	0.026
反事实顺序 1 和 2 的平均			
构成成分	0.001	0.001	0.001
条件成分	0.040	0.066	0.026
百分比贡献			
构成成分	2.5	2.1	2.6
条件成分	97.5	97.9	97.4

资料来源:SIPP。

对两个时期的工资变化进行分析的奥扎卡-布林德回归分解方法,一直被广泛使用(DiNardo et al.,1996;Juhn et al.,1993;Oaxaca,1973)。基于条件均值模型的线性回归模型,将工资的时间变化分解成一个反映协变量效应变化的成分和一个反映协变量构成变化的成分。但是,在拟合条件均值模型时,形状改变被吸收到残差中。为了以条件均值和条件形状来充分刻画条件分布的特征,马沙杜和玛塔(Machado & Mata,2005)使用分位数回归,将条件平均工资扩展为条件分位数工资。然后,估计的分位数回归(QR)系数与协变量的分解一并用于构建基于模型的、实际和反事实的边缘工资分布。将基于模型的实际边缘分布和反事实的边缘分布进行比较,就得到了与构成成分和条件分布成分有关的结论。马沙杜和玛塔的分布方法为对所有不平等测量进行基于模型的分解提供了便利。

作为一个例子,我们将前面根据单个分类协变量的分析扩展到协变量向量中,包括种族、教育、年龄和常数项。[16]自此以后,符号 x_t 将被用来指代这样的一个协变量向量。分别针对每一时期 t 的分位数回归模型(QRM)可被表达如下(Hao & Naiman,2007):

$$y_t = \beta_t^p x_t + \epsilon_t^p$$

这里,$0 < p < 1$ 表示人口的累积比例。那么,第 p 个条件分位数为每一时间上给定 x 的情况下,y 的函数:

$$Q_t^p(y_t \mid x_t) = \beta_t^p x_t$$

t 时的第 p 个条件分位数以分位数别、时间别参数 β_t^p 和协变量 x_t 的取值来进行估计。

基于模型的分解方法将收入不平等从时间 1 到时间 2 的整体变化分解成协变量的构成和给定协变量情况下，收入的条件分布。我们通过基于估计的 QR 系数 $\hat{\beta}_t$ 和所有协变量 C_t 的实际分布的边缘化，来构造基于模型的边缘分布：

$$F(y_t \mid \hat{\beta}_t ; C_t) = (\hat{\beta}_t ; C_t)(t = 1, 2)$$

反事实边缘分布被定义如下：

$$F(y_t \mid \hat{\beta}_t ; C_s) = (\hat{\beta}_t ; C_s)(t = 1, 2, s = 1, 2 \text{ 且 } t \neq s)$$

顾名思义，反事实分布表示，如果 s 时的协变量构成起作用，那么，t 时将会盛行何种收入分布。

根据构建的实际边缘分布，我们可以估计任一不平等测量，记为 $\hat{I}(\hat{\beta}_t ; C_t)$。同样，根据构建的反事实边缘分布，我们可以估计对应的测量，记为 $\hat{I}(\hat{\beta}_t ; C_s)$。通过比较这些测量，我们得到了一个两成分分解：

$$
\begin{aligned}
\Delta \hat{I} &= \hat{I}_2 - \hat{I}_1 \\
&= I(\hat{\beta}_2 ; C_2) - I(\hat{\beta}_1 ; C_1) \\
&= [I(\hat{\beta}_2 ; C_2) - I(\hat{\beta}_2 ; C_1)] + [I(\hat{\beta}_2 ; C_1) - I(\hat{\beta}_1 ; C_1)]
\end{aligned}
$$
$$[7.2]$$

在这里，估计的不平等差异被区分成两个差值项。第一个差值项固定了时间 2 处的系数，但允许协变量构成在两个时间之间变动，因此反映了由所有协变量构成上的变化所引发的整体不平等测量的变化。第二个差值项固定了时间 1 处的协变量构成，但允许系数从时间 1 到时间 2 发生变化，因此，反映了由系数上的变化所引发的整体不平等的变化。

方程 7.2 中的不平等测量建立在基于模型的边缘分布的

基础之上。对大量(但小于样本规模)分位数进行建模,有助于刻画分布的特征,但并不会再现分布。因此,我们需要同时使用图形方法和数值方法来描绘观测的边缘和建构的边缘之间的差异。给出一个图形展示和估计出整体不平等测量中未被解释的变异是有益的:

$$I = \hat{I} + \hat{\epsilon}$$

下面,我们对用来获得基于模型的(程序 A)和基于反事实的(程序 B)边缘样本的经验程序进行逐步描述。两个程序都基于以下思路,从它们对应的边缘分布中得到近似样本:对于从(0, 1)中随机选取的分位数值,我们从一个时期抽取了一行协变量数据,并将该行插入对相同时期或其他时期拟合得到的分位数回归模型中。所得到的反应变量值将具有正确的边缘分布。

程序 A 包含以下步骤,以逼近每一时间 t 基于模型的边缘分布:(1)从均匀分布 $U(0, 1)$ 中随机地选取一个 U;(2)使用完整的 t 时数据来估计第 U 个分位数回归;(3)从 t 时数据中选取一个规模为 40 的自举法样本,并根据分位数回归模型估计值得到 40 个预测值;(4)根据所选取的各行协变量 x_t 和分位数回归系数 β_t^U,计算第 U 个条件分位数;(5)将步骤(1)到步骤(4)重复 500 次;(6)将步骤(5)中得到的值(500 × 40 = 20000)作为从基于模型的 y_t^* 的边缘分布中抽取的一个随机样本。

程序 B 包含以下步骤,以逼近基于模型的反事实边缘分布:(1)根据前面随机抽取时间 1 处的各行数据 $x_{t=1}$ 和估计的时间 2 处的分位数回归系数 $\hat{\beta}_{t=2}$,计算条件分位数,以建构一个从反事实边缘分布 y^*($\hat{\beta}_{t=2}$；$\boldsymbol{x}_{t=1}$)中抽取的样本；(2)通过使用随机抽取的时间 2 处的各行数据 $\boldsymbol{x}_{t=2}$ 和估计的时间 1 处的分位数回归系数 $\hat{\beta}_{t=1}$，能够建立一个倒序的反事实边缘，以建构一个从反事实边缘分布 y^*($\hat{\beta}_{t=1}$；$\boldsymbol{x}_{t=2}$)中抽取的样本。

我们使用 1991 年和 2001 年的 SIPP 收入数据，对不平等测量基于模型的分解方法进行了举例说明。家庭户收入的分位数回归模型中的协变量包括种族（黑人相对于白人）、教育（大学教育相对于非大学教育）和生命周期（年龄和年龄平方）。我们得到了 1991 年和 2001 年基于模型的边缘分布 $\hat{F}(y_1, C_1)$ 和 $\hat{F}(y_2, C_2)$。我们首先来评价模拟的边缘分布在多大程度上与观测的边缘分布吻合。图示很有帮助（见图 7.1）。对这两年而言，基于模型的核密度曲线大大保持了观测核密度曲线的位置、尺度和形状。相较观测曲线的顶峰，1991 年基于模型的曲线在其顶峰处略微向右边移动了一点，这反映了两者的细微差异。2001 年基于模型的曲线几乎完全与观测曲线相同。将表 7.1 和表 7.2 的前三行加以比较，我们发现，1991 年基于模型的不平等实际上比观测的不平等更低，这使得基于模拟数据的不平等出现了比观测数据更大的整体变化。

在模拟了两种顺序 $\hat{F}(y_2, C_1)$ 和 $\hat{F}(y_1, C_2)$ 的情况下基于模型的反事实边缘分布后，我们得到了四个模拟的边缘分布，根据这些分布，我们可以计算不平等测量并进行分解分析。我们呈现了基尼系数 G、泰尔不平等指数 T 和阿特金森指数 $A_{1/2}$ 的结果。为了对趋势的显著性进行检验，我们借用了渐近标准误。

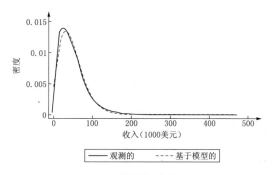

（a）核密度观测

核＝伊氏颗粒　带宽＝4.0222

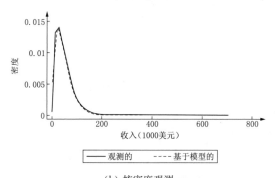

（b）核密度观测

核＝伊氏颗粒　带宽＝4.0222

图 7.1　观测的对基于模型的收入边缘分布:SIPP(1991 年和 2001 年)

表 7.2　基于模型的收入不平等分解:SIPP(1991 年和 2001 年)

分　　解	G	T	$A_{1/2}$
1991 年实际的:$\hat{F}(y_1; C_1)$	0.362	0.215	0.111
2001 年实际的:$\hat{F}(y_2; C_2)$	0.422	0.305	0.147
整体变化	0.059 **	0.090 **	0.036 **
反事实顺序 1:$\hat{F}(y_2; C_1)$			
构成成分	0.004	0.008	0.003
条件成分	0.056 **	0.083 **	0.033 **

续表

分　　解	G	T	$A_{1/2}$
反事实顺序 2：$\hat{F}(y_1;C_2)$			
构成成分	0.003	0.004	0.002
条件成分	0.056**	0.086**	0.034**
反事实顺序 1 和 2 的平均			
构成成分	0.004	0.006	0.003
条件成分	0.056**	0.084**	0.034**
百分比贡献			
构成成分	6.0	6.7	7.5
条件成分	94.0**	93.3**	92.5**

注：分位数回归模型纳入了四个协变量：种族（黑人和白人）、教育（大学和非大学）、年龄和年龄平方。
　　** 表示 $P < 0.01$。
资料来源：SIPP。

　　这 10 年间，以这三个不平等测量测得的收入不平等的加剧在统计上显著（见表 7.2 顶部的三行）。如果分位数回归模型被正确地设定[17]，那么此分解表明，协变量（种族、教育和生命周期）上的构成变化并未显著地对这三个不平等测量中的任意一个的整体变化产生影响。恰恰是条件分布（反映了收入的分类机制），几乎完全解释了日益加剧的收入不平等。

第 2 节 | 小结

　　本章介绍了将两个时点之间不平等的变化分解成协变量的构成变化和给定协变量情况下,反应变量条件分布的变化的方法。适用于一个分类变量的方法属于一种再加权方法,适用于一个连续协变量或多个协变量的方法属于一种使用分位数回归的基于模型的方法。这一趋势分解方法提高了我们对不平等随时间变化的来源进行分析的能力,并得到对社会机制更深刻的认识。下一章将应用本书所介绍的大部分分析工具,对 1991 年和 2001 年的收入和财富的不平等进行考察。

第8章

一个说明性的应用

第 1 节 ｜ 美国收入和财富的不平等
（1991—2001 年）

　　本章使用 SIPP 数据，提供了一个对美国 1991 年和 2001 年家庭户收入和财富的不平等进行考察的真实例子。它是对前面各章所介绍工具的一次简要应用。我们的目的在于确定整个人口和不同社会群体的收入和财富不平等模式，以及这些模式在这 10 年间如何变化。由于收入和财富在家庭户内被共享，因此，我们以家庭户为分析单位。我们出于理论和方法论的目的来考察收入和财富。理论上来说，家庭户资源可被看成由收入所反映的流量和由财富所反映的存量。收入和财富之间的关系较为复杂。具体而言，投资收入和储蓄为影响这一关系的因素的例子。因此，同时对收入和财富的不平等进行考察，可以提供更完整的家庭户资源不平等的图景。方法论上来说，像收入研究文献中所做的那样，我们应用大部分工具对收入进行考察。在收入的例子中，我们关注正的收入取值，因为负收入和零收入家庭户的比例较小。但是，考察财富不平等需要一套不同的工具，因为资产净值（总资产减总负债）为负值和零值的比例较大。收入和财富之间的对比提醒我们，恰当工具的选择取决于所讨论的现象。SIPP 同时收集了有关收入和财富的详细信息，这使它成为适合本研究的一个恰当数据来源。SIPP 使用多阶段整群分层抽样设计,同时被选入样本的家庭户具有不同的抽样权重。本例的分析考虑了抽样权重和调查抽样设计。我们用Stata 中 的 用 户 编 写 程 序 ineqdeco 和 ineqdec0（Jenkins，1999）、glcurve(Van Kerm & Jenkins，2001)、reldist(Jann,2008)和 DASP(Duclos & Araar，2006)（见附录 4 中的表A3)来完成分析。

第 2 节 | **描述性统计**

表 8.1 给出了分析中所用到变量的加权描述性统计。年收入通过将 1991 年和 2001 年中的月家庭户总收入加总得到。我们只对取正数值的年收入进行分析,因此排除了 1991 年的 53 个(0.25%)零收入家庭户、838 个(4.02%)收入缺失家庭户(没有负数收入的家庭户)以及 2001 年的四个(0.01%)负数收入家庭户和 100 个(0.35%)零收入家庭户(没有收入缺失的家庭户)。由于这些非正数值收入的家庭户所占的比例相对较小,所以,删除它们只会最小地影响收入不平等模式。相比而言,1991 年时,1751 个(8.4%)家庭户的资产净值为负数,916 个(4.4%)家庭户的资产净值为 0。2001 年时,相应的数字为 3546(12.9%)和 1158(4.2%),我们无法在不影响不平等模式的情况下,忽略总资产净值分布的这些部分。收入和资产净值都以 2001 年不变的美元来表示,因此,它们在时间上是可以被比较的。表 8.1 第一行显示,收入和资产净值的均值从 1991 年到 2001 年一直在增加。

社会结构在决定一个家庭户以收入和财富形式来表现的位置中起着重要作用。基于社会分层理论,我们找出了六个社会分组变量:种族或民族(白人、黑人、西班牙裔和其他种族)、年龄组(年龄在 45 岁以上的户主和年轻户主)、受教育程度(高中以下、高中、大学肄业和大学或以上)、家庭户类型(已婚无子女、已婚有子女单身母亲、单身男子、单身女子和其他)、区域(东北部、中西部、南部和西部)以及家庭户环境(城市区和非城市区)。表 8.1 中的"比例"一列表明,这些社会群体的人口比例从 1991 年到 2001 年有所变化。我们看到,少数种族群体、高龄群体、高教育群体、未婚家庭户类型、南部居民和城市区居民在增加。我们随后会讨论社会分组的这些构成变化是否会对收入和财富不平等的变化产生影响,并关注这些影响的程度。

表 8.1　总的和按社会群体划分的收入和
财富的加权描述统计:SIPP(1991 年和 2001 年)

变 量	1991 年			2001 年		
	比例	平均收入(美元)	平均资产净值(美元)	比例	平均收入(美元)	平均资产净值(美元)
整体	1.00	47908	118468	1.00	51040	173993
种族/民族						
白人	0.80	50609	134857	0.75	54168	210377
黑人	0.10	32190	35391	0.12	35797	45472
西班牙裔	0.07	37144	49368	0.09	40998	57905
其他种族	0.03	52660	120371	0.04	61419	151915
年龄组						
年龄<45	0.49	49155	61968	0.45	52687	83292
年龄≥45	0.51	46717	173087	0.55	49699	247818
受教育群体程度						
高中以下	0.23	28728	75755	0.14	26541	57946
高中	0.35	43406	98923	0.30	40387	114691
大学肄业	0.20	50956	114462	0.30	48277	140135
大学或以上	0.22	72514	199006	0.26	78964	345826
家庭户类型						
已婚无子女	0.23	54859	196067	0.23	59280	282636

续表

变量	1991 年			2001 年		
	比例	平均收入（美元）	平均资产净值（美元）	比例	平均收入（美元）	平均资产净值（美元）
已婚有子女	0.33	63561	123768	0.28	72490	207784
单身母亲	0.10	31483	47476	0.11	32983	50835
单身男子	0.10	33560	75756	0.11	34695	149631
单身女子	0.15	23615	87771	0.15	23726	112522
其他	0.09	48347	85923	0.11	50916	91618
区域						
东北部	0.20	51773	144972	0.19	55651	185108
中西部	0.26	47149	108245	0.23	51267	154291
南部	0.34	42949	93983	0.37	46314	140224
西部	0.20	53192	145834	0.21	54834	243909
城市区						
是	0.74	51041	123957	0.77	54102	190311
否	0.26	39458	102839	0.23	40761	119213
连续型协变量						
年龄	48.00			49.00		
受教育年数	12.72			13.14		
家庭户规模	2.39			2.30		
样本量 N	20838			27398		

资料来源：SIPP。

"平均收入"列和"平均资产净值"列给出了每一个社会群体在 1991 年和 2001 年的平均数值。尽管除了三个群体之外，其他群体在这 10 年间，收入和资产净值有所增加，但似乎优势群体获益更多，包括白人、年长者、受最高教育者、已婚家庭户类型、单身男子家庭户和城市区居民。除了受最高教育者之外，所有教育群体的平均收入都随时间而下降。无高中文凭的那些家庭户的平均资产净值出现了一个较大差额的下降，而受过高中教育和大学肄业的那些家庭户则呈现出一个少量的上升。相比而言，大学和高等教育在这 10 年期间带来了资产净值的最大提高。同时考察收入和资产净值会得到有关家庭户资源的更多洞见。

尽管这些描述性统计是有益的，但它们并没有就整个人口的不平等给出一个明确的判断，因此，我们利用图形展示和概要不平等测量来考察观测的不平等模式。

第 3 节 | 观测的收入和财富的不平等

　　图形展示有助于直观地显示整个分布。图 8.1 中左侧的三幅图提供了年收入的分位数函数、洛伦兹曲线和广义洛伦兹曲线，右侧的三幅图提供了资产净值的同一组图形。由 Stata 中的"pctile"创建的分位数函数显示，收入和资产净值的 2001 年曲线从 $p70$ 及以上开始偏离相应的 1991 年曲线。资产净值上的偏离大于收入的情况。这意味着，时间上的变化被集中在此分布的上部 1/3。

　　使用詹金斯和凡·克尔曼编写的"glcurve"程序（Jenkins & Van Kerm，2004），我们得到了 1991 年和 2001 年的洛伦兹曲线和广义洛伦兹曲线。洛伦兹曲线以反应变量均值进行了标准化，从而排除了尺度改变。因此，我们用洛伦兹曲线来对这两年的分布之间的位置移动和形状改变进行比较。引起我们注意的第一件事是，资产净值的洛伦兹曲线和完全平等线之间的面积远远大于收入的情况，这表明，财富上的不平等比收入上的不平等更严重，这与文献中提到的一致。第二，我们看到，收入和资产净值的 2001 年洛伦兹曲线都处在 1991 年相应的洛伦兹曲线下方，这意味着，2001 年的收入或资产净值洛伦兹占优于 1991 年的收入或资产净值。我们以底部、中部和顶部敏感的不平等测量（GE_{20}、GE_1 和 GE_{20}，这

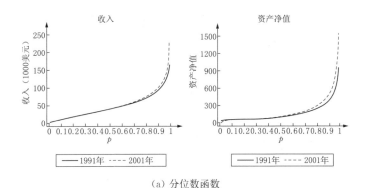

（a）分位数函数

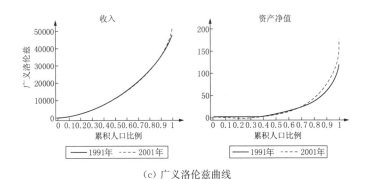

（b）洛伦兹曲线

（c）广义洛伦兹曲线

**图 8.1　加权的收入和财富分布的图形展示：
分位数函数、洛伦兹曲线和广义洛伦兹曲线**

里未显示结果）对 1991 年和 2001 年的洛伦兹占优做了一个正式检验，证明 2001 年的收入分布洛伦兹占优于 1991 年的收入分布。不过，对资产净值做此类正式检验并不那么简单直接，因为底部敏感的不平等测量并不能被用于资产净值的负数值。我们对正数值部分的差异使用 GE_1 和 GE_{20}，证明 2001 年资产净值分布的正数值部分占优于 1991 年的相应情况。

广义洛伦兹曲线通过将洛伦兹曲线乘以平均收入或财富而得到。y 轴的重新尺度化提醒我们，尽管收入和财富的不平等从 1991 年到 2001 年有所加剧，但因收入和财富而带来的福利在同时期却有所改善。

除了图形展示，还可以计算精确的概要不平等测量。我们挑选一套能够提供补充信息来形成更完整的不平等图景的测量。我们使用杜克罗斯和阿拉尔编写的 DASP 程序来得到 1991 年和 2001 年时加权的收入和财富的不平等测量，也可以对收入和财富分别使用詹金斯编写的 ineqdeco 和 ineqdec0 作为替代（Jenkins，1999）。每一年的结果以及它们的绝对和相对差异呈现在表 8.2 中，顶部为收入的情况，底部为资产净值的情况。

我们先考察收入不平等。考察从分位数比开始，因为它具有计算简单且易于解释的优点。$p10/p50$（第十个百分位数与中位数之比）描述了分布下半部的大部分，而 $p90/p50$ 则描述了上半部的大部分。下降的 $p10/p50$ 和上升的 $p90/p50$ 共同反映了收入不平等的日益加剧。收入上众数处敏感的基尼系数的增加证实了分布的中部存在更严重的收入不平等。我们用到了广义熵敏感参数的四个取值（－1、0、1

和 2)。随着每一个参数的取值的增大,敏感性从分布的底部移到了顶部。四个广义熵测量从 1991 年到 2001 年均呈现出增加的趋势,其中一个增加集中在两端而不是中部。底部敏感的 GE_{-1} 呈现出几乎 200% 的增加,顶部敏感的 GE_2 呈现出超过 50% 的增加。这些测量提供了与图 8.1 中的分位数函数并未反映出来的收入分布底端尾部变化有关的额外信息。指数的阿特金森族提供了一个不平等厌恶视角。随着厌恶变得更强烈,收入不平等的水平和变化也变得更高和更大,但百分比变化并不如此。

表 8.2　加权的收入和财富的不平等测量:SIPP(1991 年和 2001 年)

测　　量	1991 年	2001 年	变化	百分比变化
收入				
$p10/p50$	0.290	0.286	−0.004	−1.38
$p90/p50$	2.294	2.494	0.200	8.72
基尼系数	0.382	0.422	0.039	10.21
GE_{-1}	1.288	3.859	2.571	199.61
GE_0	0.284	0.346	0.061	21.48
GE_1	0.240	0.308	0.068	28.33
GE_2	0.265	0.404	0.139	52.45
$A_{0.5}$	0.121	0.148	0.027	22.31
A_1	0.247	0.292	0.045	18.22
A_2	0.720	0.885	0.165	22.92
资产净值				
$p75/p25$	26.464	46.224	19.760	74.67
$p90/p50$	6.715	7.421	0.706	10.51
下半部分/顶部 5% 的份额比	0.124	0.045	−0.080	−64.52
基尼系数	0.694	0.763	0.069	9.94
GE_2	1.455	40.970	39.515	2715.81

资料来源:SIPP。

　　我们现在转向对资产净值的研究。因为资产净值可以取负值，因此，选择哪些分位数应用来构造比值就需要谨慎，以避免出现负的分位数比，其原因仅仅是这些比值难以解释。比值 $p75/p25$ 反映了中间 50% 的人口之间的资产净值不平等。这一人口的中间一半的财富不平等已经较严重，且它在此 10 年期间大大加剧。$p90/p50$ 在 7 附近，时间相对稳定，这与上面洛伦兹曲线的比较共同表明，富裕恰好存在于第 90 个百分位数处。我们进一步考察底部 50% 对顶部 5% 的份额比。如果将整个人口的财富看作一块饼（资产净值的正数值和负数值之和），下半部分的人口比顶部 5% 的人口拥有一块小得多的饼，因为 1991 年时，它们的比值只为 0.124，2001 年时，进一步下降至 0.045。尽管资产净值的基尼系数比收入的基尼系数大得多，但收入基尼系数和资产净值基尼系数的增长率相似，约为 10%。总的来说，表 8.2 中选取的不平等测量表明，收入和财富的不平等在这 10 年间都加剧了。不过，这些结果是否统计显著，需要看我们后面将要进行的假设检验。

　　在六个社会分组变量中，组平均差异如何促成总的不平等？哪个分布变量的贡献更大？这些群体贡献会随时间而变化吗？我们用组分解工具来回答这些问题，这里集中关注基尼系数和四个不同敏感性参数的广义熵 GE。组间成分被定义为每一群体中的成员具有与该群体的平均财富相等的财富取值，而非群体成员具有不同的财富取值情况下的群体间不平等。我们注意到，除了反映组平均差异之外，组分解将被分解成这一计算，也就是说，相对群体规模会有影响。我们用 DASP 程序得到了表 8.3 中所示的结果。以种族或民族分组为例,从顶部的收入情况看,组间部分对基尼系数贡献了 13.42%,对 GE_{-1} 贡献得非常少,而对 GE_{-1}、GE_1 和 GE_2 贡献了约 4%。种族或民族的这些贡献在这 10 年间极其稳定。应当记住的是,尽管广义熵族是加和可分解的,但基尼系数不是。我们看到,种族或民族对基尼系数的贡献较大,且它在这 10 年间略有增加。通过考察不同的分组变量,我们会看到两种模式。第一,六个分组变量中,教育群体和家庭户类型的组间成分是总收入不平等的最大促成因素。第二,这些组间成分的贡献在此 10 年间变化适中。

但是,资产净值上出现了不同模式(表 8.3 的底部)。反映财富积累上生命周期差异的年龄分组与教育群体和家庭户类型一起,对总财富不平等有更大的贡献。根据加和可分解性,各组间成分对 GE_2 的递减贡献意味着,低端尾部的组间变异在 2001 年比在 1991 年起着更大的作用。相反,根据非加和可分解性,各组间成分(有一个例外)对基尼系数的递增贡献表明,组平均差异对 2001 年时的中间部分比 1991 年时起着更重要的作用。

家庭户会有各种各样的财富投资组合。我们关注三个类别——房产净值(房产价值减去抵押)、金融资产净值(个人退休金账户、银行账户、股票、公募基金等减去抵押品)以及房地产净值、贷借净值和医疗债务等其他资产净值。我们用 DASP 程序对基尼系数进行了按来源的分解。表 8.4 显示,金融资产净值对总的基尼系数做了最大的百分比贡献,这一贡献从 1991 年到 2001 年有所下降。"其他"类在 1991 年做出了负的百分比贡献,意味着该类中的负债超过了资产。这在 2001 年时是正的。

表 8.3　组间成分对收入和财富不平等的加权百分比贡献：
SIPP(1991 年和 2001 年)

	种族	年龄	教育	家庭户类型	区域	农村
收入(1991 年)						
基尼系数	13.42	3.41	44.27	45.16	12.18	12.39
GE_{-1}	0.85	0.03	3.73	5.01	0.27	0.48
GE_0	3.68	0.12	17.08	20.77	1.29	2.19
GE_1	3.95	0.15	19.90	21.99	1.52	2.48
GE_2	3.25	0.13	18.19	18.26	1.37	2.14
收入(2001 年)						
基尼系数	14.85	3.63	44.24	46.62	9.81	10.91
GE_{-1}	0.32	0.01	1.66	2.21	0.08	0.18
GE_0	3.31	0.14	17.50	21.18	0.84	1.93
GE_1	3.48	0.15	19.38	21.38	0.94	2.05
GE_2	2.51	0.12	15.15	15.26	0.71	1.48
资产净值(1991 年)						
基尼系数	16.22	33.41	27.07	31.46	14.63	5.35
GE_2	3.07	7.45	4.76	5.59	1.26	0.21
资产净值(2001 年)						
基尼系数	21.21	30.64	39.61	33.05	15.43	9.46
GE_2	0.17	0.27	0.44	0.24	0.06	0.04

资料来源：SIPP。

表 8.4　来源类别对资产净值基尼系数的加权百分比贡献：
SIPP(1991 年和 2001 年)

类　别	1991 年	2001 年
房产净值	0.38	0.31
金融资产净值	0.79	0.59
其　他	−0.18	0.10

资料来源：SIPP。

第 4 节 | 检验收入和财富不平等的变动趋势

针对整个人口和总的不平等测量的群体或来源分解，我们已经讨论过观测到的各种收入和财富不平等测量的模式。我们现在来考虑对这些测量的趋势的显著性进行检验，涉及对它们的时间变化的推断。如第 6 章所讨论的，当样本规模较大（比如，大于 1000）时，渐近方法适合用来确定大多数概要不平等测量在简单随机抽样情况下的近似抽样分布。然而，各种调查经常涉及必须在渐近方法中加以考虑的复杂抽样设计。对一套普遍使用的概要不平等测量，我们用 DASP 软件包来进行此分析。

表 8.5 显示了对与表 8.2 中相同的一套不平等测量的时间变化进行检验的结果。我们给出了每一个测量的变化、p 值和 95％置信区间。我们注意到，表中所有的收入不平等测量的变换都在 0.01 水平上显著，除了收入的 $p10/p50$ 比值上的变化和资产净值的 GE_2 上的变化统计不显著之外。换言之，$p10/p50$ 收入比值上估计的最小下降（-0.004）可忽略不计，而资产净值的 GE_2 上的变化（39.515）在量上看似很大，但却是抽样变异的结果。这两个并不具有显著变化的测量，之后将被进一步分析。然而，我们有证据表明，收入不平

等和财富不平等从 1991 年到 2001 年都在加剧，而且，当我们集中关注中部（收入的 $p90/p50$、基尼、GE_0 和 GE_1 以及资产净值的 $p90/p50$ 和基尼）、底端（收入的 GE_{-1} 和资产净值的上半部对顶部 5% 的份额比）以及顶端（收入的 GE_2 和资产净值的上半部对顶部 5% 的份额比）时，这是正确的。

表 8.5　对收入和资产净值从 1991 年到 2001 年出现变化的检验

测　　量	变化	p 值	LB	UB
收入				
$p10/p50$	−0.004	0.533	−0.016	0.008
$p90/p50$	0.200	0.000	0.138	0.263
基尼系数	0.039	0.000	0.033	0.046
GE_{-1}	2.571	0.008	0.706	4.437
GE_0	0.061	0.000	0.050	0.073
GE_1	0.068	0.000	0.057	0.079
GE_2	0.139	0.000	0.116	0.161
$A_{0.5}$	0.027	0.000	0.022	0.031
A_1	0.045	0.000	0.036	0.054
A_2	0.165	0.000	0.058	0.272
资产净值				
$p75/p25$	19.760	0.000	23.367	29.562
$p90/p50$	0.706	0.000	6.419	7.011
下半部分/顶部 5% 的份额比	−0.080	0.000	−0.106	−0.053
基尼系数	0.069	0.000	0.040	0.098
GE_2	39.515	0.000	−19.803	98.832

注：LB 和 UB 分别代表 95% 置信区间的下限和上限。
资料来源：SIPP。

　　在上面考察的各社会群体之间，教育群体的组间成分对这些中部和两端敏感的收入和财富不平等的测量具有相对较大的贡献（表 8.3）。我们现在再进一步考察教育分组变量的组内成分。大量文献证实，大学教育一直是自 20 世纪 80

年代以来，日益加剧的社会不平等的一个重要原因（Bernhardt, Morris, Handcock & Scott, 2001; Card & DiNardo, 2002; Coldin & Katz, 2007; Grogger & Eide, 1995）。但是，教育分布对收入和财富分布的形状的影响仍很难理解。由于这一问题可以归结为一个关于两个教育群体之间收入或财富上的形状改变的问题，因此，我们利用相对分布方法。具体而言，我们用中位数相对极化（MRP）及其成分（下部和上部极化）来研究这个问题。我们的问题是，大学教育是否以及如何对收入和财富极化的这些测量从 1991 年到 2001 年的水平和变化产生影响？出于对这些测量进行推断的考虑，我们使用更为灵活的自举方法，因为这些估计量的渐近性质是未知的。我们在自举方法中也考虑了复杂调查抽样。我们用本·詹恩编写的"reldist"来进行这一对相对极化的分析。

相对分布分析分别针对每一年的收入来进行。由于相对分布方法可被应用于任何不要求正数取值的分布，所以，我们能够对资产净值做同样的分析。我们将大学教育作为比较组，无大学教育作为参照组。既然我们的问题是关于形状改变的，所以，"reldist"首先以大学教育组来调整无大学教育组的中位数，从而消除中位数差异的影响。然后，"reldist"进行等级转换以得到调整中位数的相对数据，根据这些数据来计算 MRP 及其成分——底部相对极化（LRP）和顶部相对极化（URP），可以得到 MRP、LRP 和 URP 的自举法标准误，以对 SIPP 调查设计中的聚群和分层加以考虑。本分析使用 200 次自举重复。为了构建表8.6，我们采用 1991 年和 2001 年加权 MRP、LRP 和 URP 以及自举法标准误，这些由"reldist"来得到。第一步,我们对每一年的 MRP、LRP 和 URP 建构一个 95%置信区间:95%CI＝加权估计值±1.96×BSE。第二步, 我们将 2001 年的加权 MRP、LRP 和 URP 减去 1991 年对应 的值,得到这两年之间的变化。第三步,我们用 $\sqrt{BSE^2_{1991} + BSE^2_{2001}}$ 来计算该变化的标准误(假定这两年的 极化测量无关)。

顶部呈现了针对收入的结果。1991 年,MRP 为 0.2583, 这意味着与无大学教育组相比,大学教育组中的 25.83%相 对更加极化。LRP 比 URP 更大表明,与无大学教育组相比, 大学教育组中的下半部分比上半部分更加分散。具体而言, 大学教育组中的 16.22%(32.43%/2)已从中位数处进一步朝 左边移动,而其中 9.62%(19.23%/2)已从中位数处进一步朝 右边移动。应当指出,我们现在关注的是形状差异,且中位 数差异已被消除了。正如自举法标准误和 95%置信区间所 显示的,所有三个极化测量都显著地区别于 0。

这两个教育组之间的相对收入极化测量从 1991 年到 2001 年都大大增加。具体而言,LRP 增加了 27% (0.0882/0.3243＝0.27),MPR 增加了 23%,而 URP 增加了 16%,这表明,无大学教育组的下半部分在收入分布上的缩 减更严重。三个变化都在 0.01 水平上统计显著。

表 8.6 的底部呈现了针对收入的结果。毫不奇怪的是, 根据教育得到的财富的中位数相对极化要比收入的情况更 为严重。与无大学教育组相比,大学教育组中约 47.10%朝 分布的两个尾部移动。无大学教育组分布下半部分的这一 集中为此差异的主要来源。尽管 2001 年时财富的相对极化 在加深,正如收入相对极化的情况一样,但是,相对于 MRP

上 17％的增量和 LRP 上 14％的增量，其上半部分的变化率
更大（25％的增量）。因此，富裕的大学教育组在此 10 年期
间变得日益富裕。这些变化在 0.01 水平上统计显著。

表 8.6　对以大学教育划分的加权相对极化自 1991 年到 2001 年变化的检验

测　　量	估计值	BSE	LB	UB
收入（1991 年）				
MRP	0.2583	0.0084	0.2419	0.2748
LRP	0.3243	0.0134	0.2980	0.3506
URP	0.1923	0.0101	0.1726	0.2121
收入（2001 年）				
MRP	0.3175	0.0070	0.3038	0.3311
LRP	0.4125	0.0190	0.3912	0.4338
URP	0.2224	0.0084	0.2059	0.2390
变化				
MRP	0.0592**	0.0109		
LRP	0.0882**	0.0172		
URP	0.0301**	0.0131		
资产净值（1991 年）				
MRP	0.4710	0.0111	0.4494	0.4927
LRP	0.6592	0.0205	0.6190	0.6994
URP	0.2829	0.0094	0.2644	0.3013
资产净值（2001 年）				
MRP	0.5529	0.0056	0.5419	0.5640
LRP	0.7516	0.0098	0.7324	0.7708
URP	0.3543	0.0070	0.3406	0.3679
变化				
MRP	0.0819	0.0124		
LRP	0.0924	0.0227		
URP	0.0714	0.0117		

注：BSE 为自举法标准误；LRP 为下部相对极化；MRP 为中位数相对极化；
　　URP 为上部相对极化。LB 和 UB 分别代表 95％置信区间的下限和
　　上限。
** 表示 $p < 0.01$。
资料来源：SIPP。

第 5 节 | 分解收入和财富不平等的变动趋势

上一节的结果证实,收入和财富的许多不平等测量在此10年期间显著不同。收入不平等由分类机制(社会结构或者运气)和人口特征的构成决定。在分类机制不变的情况下,种族或民族、年龄、教育、家庭户类型和其他特征的变化会改变收入和财富的不平等。同样,在这些特征构成不变的情况下,分类机制上的变化也会改变不平等的图景。因此,下一个必然的问题就是:如何量化这两个成分的相对贡献?

使用一个预测变量来考察某一时间的不平等是有问题的,因为存在一个以上的总体协变量,同时,这些协变量是相关的。比如,黑人更可能是低教育的、生活在单身母亲家庭户中或者西部。因此,需要一个多元回归分析框架。当我们要对整个分布进行考察和趋势分解时,分位数回归比线性回归更具优势。我们将马沙杜和玛塔的方法应用于收入和资产净值的不平等趋势分解。我们的 QRM 设定纳入了 16 个协变量:代表种族或民族的三个虚拟变量、年龄和年龄的平方、受教育年数、代表六类家庭户的五个虚拟变量、家庭户规模、代表区域的三个虚拟变量以及城市地区。

以收入为例,我们执行了以下程序。

程序 A：分别对 1991 年和 2001 年模拟基于分位数回归的收入边缘分布。

(1) 从均匀分布 $U(0，1)$ 中随机地选取一个 U。

(2) 用 1991 年的数据估计第 U 个分位数回归模型。[18]

(3) 从 1991 年的数据中选取一个规模为 40 的自举法样本，并得到基于分位数回归模型估计值的预测收入。

(4) 将步骤(1)到步骤(3)重复 500 次。

(5) 将预测的收入值放在一起，得到一个基于分位数回归模型(针对 500 个不同分位数)的 1991 年收入边缘分布的随机样本，样本规模为 $500 \times 40 = 20000$。

(6) 重复步骤(1)到步骤(5)，用 2001 年的数据减去 1991 年的数据。

程序 B：用 2001 年的分位数回归模型系数和 1991 年的协变量数据模拟反事实收入边缘分布(反事实顺序 1)。用 1991 年的分位数回归模型系数和 2001 年的协变量数据模拟相反顺序的反事实收入边缘分布(反事实顺序 2)。

根据 1991 年的边缘分布和 2001 年的边缘分布，我们得到某一不平等测量的整体变化(表 8.7 第三行)。对于每一个反事实顺序，我们用第 7 章介绍过的方法(见方程 7.2)来得到一个不平等测量的构成成分和条件成分。对每一个反事实顺序的记录求平均值，我们得到构成成分和条件成分的最终结果(表 8.7 的最后两行)。

在表 8.7 中，基于边缘分布(根据分位数回归模型得到)的 $p90/p50$ 在这 10 年间从 2.115 增加到 2.287，这表明富人越来越富裕。两个成分的估计值在两个反事实排序之间不同。分解结果显示，协变量构成上的变化对第 90 个百分位数的收入相比于中位数收入并无显著影响。因此,在给定纳入模型中协变量的情况下,条件分布解释了较低 $p90/p50$ 比值的 110.4%。换言之,分类机制完全解释了以 $p10/p50$ 比值所测量的日益加剧的不平等。

回到基尼系数、泰尔不平等指数和 GE_2,根据它们的平均值,我们看到,条件分布在给定协变量的情况下,促使这 10 年间的收入不平等加剧。GE_{-1} 估计值的变异较高,因此,这些结果在统计上都不显著(底部敏感测量的这一更大变异在第 6 章中讨论过,见蒙特卡罗结果)。GE_0、$A_{1/2}$ 和 A_1 呈现出更加引人注目的模式。协变量构成上的变化显著地减轻了这些指数所测量的收入不平等,而条件分布上的变化则加剧了不平等,其中,GE_0 带来的加剧程度为 162%,$A_{1/2}$ 带来的加剧程度为138.8%,A_1 带来的加剧程度为 161.5%。A_2 的估计值很精确,因此,我们没有对这些显著的结果加以考察。总的来看,表 8.7 表明,协变量构成对日益增加的不平等并无影响,同时,对于九个指数中的三个,它们还可以减轻不平等。相比而言,在给定协变量的情况下,由社会结构赋予的分类机制的条件分布考察的九个指数中的七个,都对日益加剧的不平等有影响。

资产净值的分位数回归模型纳入了与收入分位数回归模型中相同的 16 个协变量。资产净值的分布是高度非正态的,因为较大比例的家庭户具有负值或零值。分位数回归模型具有拟合资产净值这种非正态分布数据的灵活性。资产净值的分位数回归模型的拟合优度比针对收入而得到的情况更低。拟合优度随着分位数而增加,在 0.01 到 0.21 的范围内变化。我们用程序 A 和程序 B(如前所述)来分析以 $p90/p50$ 比值

表 8.7 基于模型将收入变动趋势分解为构成和条件成分:SIPP(1991 年和 2001 年)

分　解	$p90/p50$	G	GE_{-1}	GE_0	T	GE_2	$A_{1/2}$	A_1	A_2
1991 年实际的:$\hat{F}(y_1;C_1)$	2.115	0.367	1.262	0.289	0.224	0.237	0.117	0.251	0.716
2001 年实际的:$\hat{F}(y_2;C_2)$	2.287	0.390	1.371	0.316	0.256	0.295	0.130	0.271	0.733
整体变化	0.172**	0.023**	0.108	0.027**	0.032**	0.058**	0.013**	0.020**	0.016
反事实顺序 1:$\hat{F}(y_2;C_1)$									
构成成分	−0.052	−0.009**	−1.025	−0.021**	−0.013**	−0.017	−0.007**	−0.015*	−0.095
条件成分	0.223**	0.032**	1.134	0.047**	0.045**	0.076**	0.020**	0.035**	0.035
反事实顺序 2:$\hat{F}(y_1;C_2)$									
构成成分	0.016	−0.004	−0.445**	−0.012*	−0.006	−0.006	−0.003*	−0.009*	−0.096**
条件成分	0.156**	0.027**	0.553**	0.039**	0.038**	0.064**	0.016**	0.029**	0.112**
反事实顺序 1 和 2 的平均									
构成成分	−0.018	−0.006	−0.735	−0.017*	−0.009	−0.011	−0.005*	−0.012	−0.095
条件成分	0.189**	0.029**	0.843	0.043**	0.041**	0.070**	0.018**	0.032**	0.073
百分比贡献									
构成成分	−10.4	−28.4	−667.8	−62.0*	−28.4	−19.7	−38.8*	−61.5*	−578.8
条件成分	110.4**	128.4**	777.8	162.0**	128.4**	119.7**	138.8**	161.5**	446.5

注:分位数回归模型纳入了 16 个协变量(具体见正文)。

* 表示 $p<0.05$,** 表示 $p<0.01$。

资料来源:SIPP。

和基尼系数所测量的资产净值变动趋势。表 8.8 反映出,这 10 年间的整体财富不平等在加剧。两种反事实的排序都强调给定协变量情况下的条件分布比协变量构成更重要。协变量构成上的变化降低了 $p90/p50$ 比值,对基尼系数也没有显著影响。相比而言,财富分类机制上的变化使 $p90/p50$ 比值增加了 152%,基尼系数增加了 107.3%。这些发现与收入不平等中的那些发现相吻合。因此,对于收入和财富,日益加剧的不平等的主要推动力为资源在不同社会群体间越来越不平等的分配。

表 8.8　基于模型将财富变动趋势分解为构成和条件成分:
SIPP(1991 年和 2001 年)

分　　解	$p90/p50$	G
1991 年实际的: $\hat{F}(y_1;C_1)$	5.389	0.678
2001 年实际的: $\hat{F}(y_2;C_2)$	6.801	0.867
整体变化	1.413**	0.189**
反事实顺序 1: $\hat{F}(y_2;C_1)$		
构成成分	−0.586	−0.007
条件成分	1.998	0.196**
反事实顺序 2: $\hat{F}(y_1;C_2)$		
构成成分	−0.884*	−0.021*
条件成分	2.296**	0.210**
反事实顺序 1 和 2 的平均		
构成成分	−0.735*	−0.014
条件成分	2.147**	0.203**
百分比贡献		
构成成分	−52.0*	−7.3
条件成分	152.0**	107.3**

注:分位数回归模型纳入了 16 个协变量(具体见正文)。
* 表示 $p < 0.05$,** 表示 $p < 0.01$。
资料来源:SIPP。

第 6 节 | 小结

　　本章使用取自 1991 年和 2001 年美国家庭户全国代表性样本的数据，提供了一个对收入和财富不平等的说明性考察。收入和财富是家庭户资源的两个支柱，同时它们又相互促进。我们对收入和财富不平等的考察揭示出，收入和财富的大多数不平等测量从 1991 年到 2001 年存在显著的增加。分析进一步揭示，在根据收入和财富的分布，将家庭户归类到不同位置这点上，教育群体和家庭户类型是比种族或民族更加重要的社会分组方式。具体而言，相比于无大学教育组，大学教育组 2001 年的收入和财富不平等比 1991 年更加严重。相比而言，无大学教育组在下半部的集中反映出低技能者收入和财富的停滞不前。最后，根据对趋势的分解，本例发现，加剧收入和财富不平等的主要推动力为更不平等的分配体系，而不是社会群体构成上的变化。

　　本例运用了本书所介绍的大多数方法论工具来回答与整体人口和按社会群体区分的收入和财富不平等有关的核心问题。这些工具作为一个整体，提供了对不平等进行系统考察的方法。我们现在知道，如何直观地展示不平等测量，如何选取有限的不平等测量来强调分布的不同部分或者与反应变量有关的不平等厌恶水平，如何检验与变化趋势有关的假设,如何根据各组群和来源分解总不平等,以及如何将趋势分解成构成和分布成分。不平等测量的四个原则和洛伦兹占优提供了对跨时间模式或组间模式进行比较的指导原则。分位数函数和洛伦兹曲线之间的关系有助于将概要不平等测量、基于分位数的测量和基于相对分布的测量的位置改变与形状改变区分开来。分位数回归模型可以对趋势变化进行基于模型的分解,并确定什么是加剧收入和财富不平等的动力。

我们的例子也说明,在对包含许多负数和零值的反应变量进行处理时,我们在适用的工具类别上会面临更多限制。正如我们在资产净值的例子中所展示的,对这个变量需要更加谨慎。我们以同时具有理论和方法论意义的说明性举例来结束本章和全书。我们希望本书在获取更多与社会不平等的模式、来源和后果有关的知识并从事这些研究方面对读者有帮助。

附　录

附录 1 ┃ 位置改变引发洛伦兹
曲线变化

　　本附录给出位置改变引发洛伦兹曲线变化的证明。一个误解就是，概要不平等测量只描述分布的离散度或形状，因此，当我们对两个分布进行比较时，只有离散度或形状上的变化才要紧。因为洛伦兹曲线是统一诸多不平等测量的一个共同基础，所以，我们认为这一证明对于增进我们对不平等测量的理解是必要的。

　　只要存在一定的不平等，最低为 s 的工资所得者的平均收入就小于所有工资所得者的平均收入。因此，

$$n\sum_{i=1}^{s} y_{(i)} < s\sum_{i=1}^{n} y_{(i)}$$

这意味着[①]，

$$an\sum_{i=1}^{s} y_{(i)} < as\sum_{i=1}^{n} y_{(i)}$$

　　最后，两边同时加上 $\sum_{i=1}^{s} y_{(i)} \sum_{i=1}^{n} y_{(i)}$，并进行因式分解得到：

[①]　注意，这里假定 $a > 0$。—— 译者注

$$\left(an + \sum_{i=1}^{n} y_{(i)}\right) \sum_{i=1}^{s} y_{(i)} < \left(as + \sum_{i=1}^{s} y_{(i)}\right) \sum_{i=1}^{n} y_{(i)}$$

因此有：

$$L^{*}(s/n) = \frac{\sum_{i=1}^{s}(a + y_{(i)})}{\sum_{i=1}^{n}(a + y_{(i)})} > \frac{\sum_{i=1}^{s} y_{(i)}}{\sum_{i=1}^{n} y_{i}} = L(s/n) \; ①$$

_____

① 此方程略有改动。——译者注

附录 2

表 A1　选取的概要不平等测量

名　　称	公　　式
与概率分布相联系 的测量	
极差	$R = y_{\max} - y_{\min}$
方差	$V = \dfrac{1}{n} \sum\limits_{i=1}^{n} (y_i - \bar{y})^2$
变异系数	$c = \dfrac{\sqrt{V}}{\bar{y}}$
对数方差	$v = \dfrac{1}{n} \sum\limits_{i=1}^{n} \left(\log\left(\dfrac{y_i}{\bar{y}}\right) \right)^2 = \dfrac{1}{n} \sum\limits_{i=1}^{n} (\log y_i - \log \bar{y})^2$
对数的方差	$v = \dfrac{1}{n} \sum\limits_{i=1}^{n} \left(\log\left(\dfrac{y_i}{y^*}\right) \right)^2 = \dfrac{1}{n} \sum\limits_{i=1}^{n} (\log(y_i) - \overline{\log(y)})^2$
基于分位数函数和洛 伦兹曲线的测量	
分位数比	$Q^p / Q^{p'}$，对于 $p \neq p'$
份额测量	
底部分位数区	$L(p)$
中部分位数区	$L(p_U) - L(p_L)$
顶部分位数区	$1 - L(1-p)$
基尼系数	$G = \dfrac{\sum\limits_{1 \leqslant j < i \leqslant n}^{n} \mid y_i - y_j \mid}{n(n-1)\bar{y}}$
基于社会福利函数 的测量	
阿特金森指数	$A_\varepsilon = 1 - \left[\dfrac{1}{n} \sum\limits_{i=1}^{n} \left(\dfrac{y_i}{\bar{y}}\right)^{1-\varepsilon} \right]^{\frac{1}{1-\varepsilon}}$

名　　称	公　　式
基于信息理论的 测量	
泰尔不平等指数	$T = \dfrac{1}{n} \sum\limits_{i=1}^{n} \dfrac{y_i}{\bar{y}} \left[\log\left(\dfrac{y_i}{\bar{y}} \right) \right]$
广义熵	$GE_\theta = \dfrac{1}{\theta^2 - \theta} \left[\dfrac{1}{n} \sum\limits_{i=1}^{n} \left(\dfrac{y_i}{\bar{y}} \right)^\theta - 1 \right]$

附录 3

表 A2   不平等测量的性质

不平等测量	转移原则	尺度无关性	人口规模无关原则	加和可分解性	(0, 1)取值范围
与概率分布有关的					
极差 R	不适用	否	是	否	否
方差 V	强	否	是	是	否
变异系数 c	弱	是	是	是	否
对数方差 v	不适用	是	是	否	否
对数的方差 v_1	不适用	是	是	否	否
基于分位数函数和洛伦兹曲线的					
分位数比	不适用	否	是	否	否
分位数区间份额	不适用	是	是	否	否
基尼系数 G	弱	是	是	否	是
由社会福利函数推导的					
阿特金森指数 A_ε	弱	是	是	否	是
由信息理论发展出的					
广义熵 GE_θ	强	是	是	是	否

附录 4

表 A3　Stata 中用于研究不平等测量的程序和软件包

-glcurve-	凡・克尔曼和詹金斯(2001)
-inequal7-	凡・克尔曼(2001)
-ineqdeco-，-ineqdec0—	詹金斯(1999)
-reldist-	詹恩(2008)
DASP 里的各种命令	杜克罗斯和阿拉尔(2006)

注释

[1] 一些人将峰态减去 3，从而使得取值都分布在 0 的周围。

[2] 如果 Y 是随机变量，a 和 c 是常数，那么，随机变量 $Y^* = a + cY$ 被定义为 Y 的线性转换。

[3] 这里，y_i 被假定为非负的。

[4] 为了明白这点，我们有：$\dfrac{1}{n}\sum\limits_{i=1}^{n}(1.5y_i - 1.5\bar{y})^2 = 1.5^2 \cdot \dfrac{1}{n}\sum\limits_{i=1}^{n}(y_i - \bar{y})^2 = 1.5^2 V$。

[5] 以 50% 增量为例，我们有：

$$c = \frac{\sqrt{\dfrac{1}{n}\sum\limits_{i=1}^{n}(1.5y_i - 1.5\bar{y})^2}}{1.5\bar{y}} = \frac{\sqrt{\dfrac{1}{n}\sum\limits_{i=1}^{n}(y_i - \bar{y})^2}}{\bar{y}} = \frac{\sqrt{V}}{\bar{y}}$$

[6] 对于 $y_i > 0$，几何均值被定义为 $\left(\prod\limits_{i=1}^{n}y_i\right)^{\frac{1}{n}}$，这等价于 $e^{\frac{1}{n}\sum\limits_{i=1}^{n}\log y_i}$。几何均值总是小于或等于算术均值。收入的几何均值的对数就是对数收入的均值。

[7] 利用罗必达法则，我们看到，$\lim_{\varepsilon \to 1}(y^{1-\varepsilon} - 1)/(1 - \varepsilon) = \dfrac{d}{d\varepsilon}(y^{1-\varepsilon} - 1)\Big/\dfrac{d}{d\varepsilon}(1 - \varepsilon) = \log(y)$。

[8] 当 $p = 0$ 时，p 的对数未被定义，但是，我们可以将 $p \to 0$ 时 $p\log(p)$ 的极限定义为 0，且函数 $p\log(p)$ 是连续的。

[9] 如果连接一对点的任意线段都位于那两点之间函数的线性内插值点线段上方，那么，若干变量的函数 $f(x_1, \cdots, x_n)$ 被认为是凹性的。形式上，对于所有选取的 $(x_1, \cdots, x_n)$、$(y_1, \cdots, y_n)$ 及取值范围在 0 到 1 之间的 λ，我们都有：

$$f\Big[\lambda(x_1, \cdots, x_n) + (1 - \lambda)(y_1, \cdots, y_n)\Big]$$
$$\geqslant \lambda f(x_1, \cdots, x_n) + (1 - \lambda)f(y_1, \cdots, y_n)$$

[10] 方程 3.8a 和方程 3.8b 之间的中间步骤如下：

$$T = -\sum_{i=1}^{n}\frac{1}{n}\log\Big(\frac{1}{n}\Big) + \sum_{i=1}^{n}s_i\log(s_i) = -\log\Big(\frac{1}{n}\Big) + \sum_{i=1}^{n}s_i\log(s_i)$$
$$= -\log\Big(\frac{1}{n}\Big)\sum_{i=1}^{n}s_i + \sum_{i=1}^{n}s_i\log(s_i) = \sum_{i=1}^{n}s_i\Big[\log(s_i) - \log\Big(\frac{1}{n}\Big)\Big]$$

[11] 勒曼和伊达沙基以要素来分解基尼系数（Lerman & Yitzhaki, 1984）。

分解方程为乘积形式。根据分解，他们得到基尼系数的一个要素的边际效应1%的增量。洛佩兹-费德曼在Stata程序"descogini"中实现了勒曼和伊达沙基方法（Lopez-Feldman, 2006）。使用这一程序，我们发现，1991年时资产公平1%的增量将使得基尼系数减少5.7%，2001年时，这一效应将更强（7.4%）。

[12] 对于 m 个分布，成对比较的数量就是 $m(m-1)/2$。当我们对两年中的收入分布进行比较时，尽管成对比较的数量只为1，但当我们对10年的收入分布进行比较时，这个数值增加到45。

[13] 一般性的保测变换可被视为是通过将单位区间 $[0, 1]$ 分割成任意段然后将这些段打乱所界定的一种变换。

[14] 这一蒙特卡罗实验的全部结果可在本书的网站上找到。

[15] 对于约等于1的分析性权重，Stata以加总数据中的观测数内在地将它们重新尺度化，所得的群体比例被改变成与其他年份的相似。

[16] 我们设定了一个不含交互项的加和模型。此模型过于简单，因为它假定，没有协变量会通过任何其他协变量影响 y。

[17] 仅仅出于示例说明的考虑，我们在这里使用了一个简单设定。更为真实的例子可在第8章中找到。

[18] 在《分位数回归模型》一书中（Hao & Naiman, 2007），我们讨论了拟合的第 p 个分位数回归模型的拟合优度测量，记为 $R(p)$。这里，我们注意到，对于拟合的分位数回归模型，$p10$ 处的 R 为0.1543，$p90$ 处的 R 为0.2573。这表明，相对于低端尾部，模型解释了顶端尾部的更多变异。所有估计系数都具有预期的方向且大多数协变量都是统计显著的。

参考文献

Allsion, P. D. (1978). "Meauses of Inequality." *American Sociological Review*, *43*, 865—880.

Atkinson, A. B. (1985). *The Economics of Inequality* (3rd ed.). Oxford, UK: Clarendon Press.

Autor, D., Katz, L.F., &. Kearney, M.S. (2005). *Trends in U.S. Wage Inequality: Re-assessing the Revisionists* (Working Paper No. 11627). Cambridge, MA: National Bureau of Economic Research.

Bernhardt, A., Morris, M., Handcock, M.S., &. Scott, M.A. (2001). *Divergent Paths: Economic Mobility in the New American Labor Market*. New York: Russell Sage Fundation.

Biewen, M. (2002). "Bootstap Inference for Inequality, Mobility and Poverty Measurement." *Journal of Economics*, *8*, 317—342.

Biewen, M., &. Jenkins, S.P. (2006). "Variance Estimation for Generalized Entropy, and Atkinson Inequality Indices." *Oxford Bulletin of Economics and Statistics*, *68*(3), 317—383.

Blau, P.M. (1977). *Inequality and Heterogeneity: A Primitive Theory of Social Structure*. New York: Free Press.

Buchinsky, M. (1994). "Changes in the U.S. Wage Structure 1963—1987: Application of Quantile Regression." *Econometrica*, *62*, 405—458.

Burr, D. (1994). "A Comparison of Certain Bootstrap Confidence Intervals in the Cox Model." *Journal of the American Statistical Association*, *89*, 1290—1302.

Card, D., &. DiNardo, J.E. (2002). "Skill-Biased Technological Change and Rising Wage Inequality: Some Problems and Puzzles." *Journal of Labor Economics*, *20*, 733—783.

Cowell, F. A. (2000). *Measuring Inequality* (3rd ed.). London: Prentice Hall/Harvester Wheatsheaf. Retrieved December 14, 2009, from http://darp.lse.ac.uk/papersDB/Cowell_measuringinequality3.pdf.

Dalton, H. (1920). "The Measurement of the Inequality of Incomes." *Economic Journal*, *30*, 348—361.

Dagum, C. (1997). "A New Approach to the Decomposition of the Gini Income Inequality Ratio." *Empirical Economics*, *22*, 515—531.

Deaton, A. (1997), *The Analysis of Household Surveys*. Baltimore: Johns

Hopkins University Press for the World Bank.

DiNardo, J., & Fortin, N., & Lemieux, T. (1996). "Labor Market Institutions and the Distribution of Wages, 1973—1992: A Semiparametric Approach." *Econometrica*, *64*, 1001—1044.

Duclos, J. Y., & Araar, A. (2006). *Poverty and Equity: Measurement, Policy and Estimation with DAD*. Retrieved December 14, 2009, from www.idrc.ca/openebooks/229—5.

Efron, B. (1979). "Bootstrap Methods: Another Look at the Jackknife." *Annals of Statistics*, *71(1)*, 1—26.

Efron, B., & Tibshirani, R. (1986). "Bootstrap Methods for Standard Errors, Confidence Intervals, and Other Measures of Statistical Accuracy." *Statistical Science*, *1*, 54—77.

Efron, B., & Tibshirani, R. (1993). *An introduction to the Bootstrap*. New York: Chapman & Hall.

Firebaugh, G. (1999). "Emprics of World Income Inequality." *American Journal of Sociology*, *104*, 1579—1630.

Foster, J. F., & Ok, E. A. (1999). "Lorenz Dominance and the Variance of Logarithms." *Econometrica*, *67(4)*, 901—907.

Fraley, C., & Raftery, A. E. (1998). "How Many Clusters? Which Clustering Methods? Answers via Model-Based Clustering Analysis." *Computer Journal*, *41*, 578—588.

Goldin, C., & Katz, L. F. (2007). *Long-Run Changes in the U.S. Wage Structure: Narrowing Widening Polarizing* (NBER Working Papers 13568). Cambridge, MA: National Bureau of Econimic Research.

Grogger, J., & Eide, E. (1995). "Changes in College Skills and the Rise in the College Wage Premium." *Journal of Human Resources*, *30*, 280—310.

Hall, P. (1992). *Bootstrap and Edgeworth Expansion*. New York: Springer-Verlag.

Handcock, M. S., & Morris, M. (1999). *Relative Distribution Methods in the Social Sciences*. New York: Springer.

Hao, L. X., & Naiman, D. Q. (2007). *Quantile Regression*. Thousand Oaks, CA: Sage.

Jann, B. (2008). *Reldist: Stata Module for Relative Distribution Analysis*. Unpublished manuscript. (Available on request from the author, jannb @ethz.ch).

Jenkins, S.P.(1999). *INEQDECO: Stata Module to Estimate a Range of Inequality and Related Indices, Plus Optional Decompistions of Subset of these Indices by Population Subgroup* (Statistical Software Components S366002). Boston: Department of Economics, Boston College. Retrieved January 4, 2010, from http://ideas. repec. org/c/boc/bocode/s366002.html.

Jenkins, S. P., &. Van Kerm, P.(2004). *GLCURVE: Stata Module to Generate Generalized Lorenz Curve* (Statistical Software Components S366302). Boston: Department of Economics, Boston College. Retrieved January 4, 2010, from http://ideas.repec.org/c/boc/bocode/s366302.html.

Jenkins, S. P., &. Van Kerm, P.(2005). "Accounting for Income Distribution Trends: A Density Function Decomposition Approach." *Journal of Economics Inequality*, *3(1)*, 43—61.

Jolliffe, D., &. Krushelnytsky, B.(1999). sg115. "INEQERR: Stata Module to Compute Bootstrap Standard Errors for Indices of Inequality." *Stata Technical Bulletin*, *51*, 28—32.

Juhn, C., Murphy, K. M., &. Pierce, B.(1993). "Wage Inequality and the Rise in Returns to Skill." *Journal of Political Economy*, *101(3)*, 410—442.

Koenker, R. (2005). *Quantile Regression*. Cambridge, MA: Cambridge University Press.

Kolm, S.(1969). "The Optimal Production of Social Justice." In J.Margolis &. H.Guitton(Eds.), *Public economics* (pp.145—200). London: Macmillan.

Kullback, S., &. Leibler, R.A.(1951). "On Information and Sufficiency." *Annals of Mathematical Statistics*, *22*, 79—86.

Lambert, P. J., &. Aroson, J.R.(1993). "Inequality Decomposition Analysis and the Gini Coefficient Revisited." *Economic Journal*, *103(420)*, 1221—1227.

Lerman, R. I., &. Yitzhaki, S.(1984). "A Note on the Calculation and Interpretation of the Gini Index." *Economic Letters*, *15*, 363—368.

Liao, T. F.(2009). *Conceptualizing and Measuring Structural Inequality* (Working Paper 2009-03). New Haven CT: The Center for Research on Inequalities and Life Course, Yale Universsty.

Lopez-Feldman, A (2006) "DESCOGIN, Decomposing Inequality and Obtaining Marginal Effects." *Stata Journal*, *6*, 106—111.

Lorenz, M.C.(1905). "Methods of Measuring the Concentration of Wealth." *Publications of the American Statistical Association*, *9*, 209—219.

Machado, J., & Mata, J. (2005). "Counterfactual Decompositions of Changes in Wage Distributions Using Quantile Regression." *Journal of Applied Economics*, *20*, 445—465.

Mooney, C. Z., & Duval, R.D.(1993). *Bootstrapping: A Nonparametric Approach to Statistical Inference*. Newbury Park, CA: Sage.

Mussard, S., Terraza, M., & Seyte, F.(2003). "Decomposition of Gini and the Generalized Entropy Inequality Measures." *Economics Bulletin*, *4*, 1—5.

Neyman, J., & Pearson, E.(1933). "On the Problem of the Most Efficient Tests of Statistical Hypothesis." *Philosophical Transactions of the Royal Society of London*, *Series A: Containing Papers of a Mathematical or Physical Character*, *231*, 289—337.

Oaxaca, R.(1973). "Male-female Wage Differentials in Urban Labor Markets." *International Economic Review*, *14*, 693—709.

Pen, J.(1973). "A Parade of Dwarfs(and a Few Gaints)." In A.B.Atkinson (Ed.), *Wealth, Income and Inequality* (pp.73—82). London, UK: Pengium Books.

Sastry, D.V.S., & Kelkar, U.R.(1994). "Note on the Decomposition of Gini Inequality." *Review of Economics and Statistics*, *76* (*3*), 584—586.

Sen, A.K.(1973). *On Economic Inequality*. Oxford, UK: Clarendon Press.

Sen, A. K. (1976). "Poverty: An Ordinal Approach to Measurement." *Economitrica*, *44*, 219—231.

Shorrocks, A.F.(1980). "The Class of Additively Decomposable Inequality Measures."*Econometrica*, *48*, 613—625.

Shorrocks, A.F., & Slottje, D.(2002). "Approximating Unanimity Orderings: An Application to Lorenz dominance." In P.Moyes, C.Seidl, & A. Shorrcoks (Eds.), *Inequalities: Theory, Experiments and Applications*(pp.91—118). Vienna: Springer.

Soofi, E. S. (1994). "Capturing the Intangible Concept of Information." *Journal of the American Statistical Association*, *89*, 1243—1254.

Van Kerm, P.(2001). *INEQUAL7: Stata Module to Compute Measures of Inequality*(*Statistical Software Component S416401*). Boston: Boston

College Department of Economics. Retrieved Januray 4, 2010, from http://ideas.repec.org/c/boc/bocode/s416401.html.

Van Kerm, P., & Jenkins, S.P.(2001). "GLCURVE: Stata Module to Produce Generalized Lorenz Curves and Related Graphs." *Stata Journal*, *1*, 107—112.

译名对照表

additive decomposition	加和分解
asymptotic approach	渐近方法
Asymptotic Standard Errors(ASE)	渐近标准误
Atkinson family of inequality indices	阿特金森族不平等指数
bandwidth, of an estimator	估计量的带宽
bootstrap approach	自举方法
Bootstrap Standard Error(BSE)	自举法标准误
CDF(Cumulative Distribution Functions)	累积分布函数
central moments	中心矩
coefficient of variation	变异系数
counterfactual decomposition method	反事实分解方法
DASP(Distributive Analysis Stata Program)	分布分析的 Stata 程序
entropy	熵
Gaussian distribution	高斯分布
generalized entropy	广义熵
generalized Lorenz curves	广义洛伦兹曲线
geometric mean	几何均值
Gini coefficient	基尼系数
Gini index	基尼指数
grade transformation	等级转换
inequality aversion parameter	不平等厌恶参数
information entropy	信息熵
interactive decomposition	交互分解
Kullback-Leibler divergence	库尔贝克-莱伯勒距离
kurtosis	峰态
location shift	位置改变
logarithmic variance	对数的方差
logarithm of variance	方差对数
Lorenz consistency	洛伦兹一致
Lorenz curves	洛伦兹曲线
Lorenz dominance	洛伦兹占优

Lorenz intersection	洛伦兹交叉
LRP(Lower-portion Relative Polarization)	底部相对极化
measure-preserving function	保测函数
median	中位数
median-adjusted data	调整中位数的数据
moments	距
Monte Carlo experiments	蒙特卡洛实验
MRP(Median Relative Polarization)	中位数相对极化
Neyman-Pearson Lemm	尼曼-皮尔逊定理
Oaxaca-Blinder regression decomposition	奥扎卡-布林德回归分解
PDF(Probability Density Functions)	概率密度函数
Pigou-Dalton transfer principle	庇古-道尔顿转移原则
platykurtic	扁平峰
quantile functions	分位数函数
Quantile Regression(QR)	分位数回归
range	极差
Relative Cumulative Distribution Functions(CDF)	相对累计分布函数
relative data	相对数据
relative density	相对密度
relative distribution	相对分布
relative entropy	相对熵
relative polarization	相对极化
Relative Probability Distribution Function(PDF)	相对概率分布函数
relative proportions	相对比例
relative rank	相对秩
replacement	回置
scale inviance	尺度无关性
scale shift	尺度改变
sequential decomposition	顺序分解
Shannon entropy	香农熵
shape shift	形状改变
skewness	偏态

social utility function	社会效用函数
strong principle of transfer	强转移原则
summary inequality measures	概要不平等测量
Theil inequality index	泰尔不平等指数
URP(Upper-portion Relative Polarization)	顶部相对极化
weak principle of transfers	弱转移原则

Assessing Inequality

by Lingxin Hao and Daniel Q. Naiman

English language editions published by SAGE Publications of Thousand Oaks, London, New Delhi, Singapore and Washington D. C., © 2010 by SAGE Publications, Inc.

This simplified Chinese edition for the People's Republic of China is published by arrangement with SAGE Publications, Inc. © SAGE Publications, Inc. & TRUTH & WISDOM PRESS 2024.

本书版权归 SAGE Publications 所有。由 SAGE Publications 授权翻译出版。
上海市版权局著作权合同登记号:图字 09-2024-0767

格致方法·定量研究系列

1. 社会统计的数学基础
2. 理解回归假设
3. 虚拟变量回归
4. 多元回归中的交互作用
5. 回归诊断简介
6. 现代稳健回归方法
7. 固定效应回归模型
8. 用面板数据做因果分析
9. 多层次模型
10. 分位数回归模型
11. 空间回归模型
12. 删截、选择性样本及截断数据的回归模型
13. 应用 logistic 回归分析（第二版）
14. logit 与 probit：次序模型和多类别模型
15. 定序因变量的 logistic 回归模型
16. 对数线性模型
17. 流动表分析
18. 关联模型
19. 中介作用分析
20. 因子分析：统计方法与应用问题
21. 非递归因果模型
22. 评估不平等
23. 分析复杂调查数据（第二版）
24. 分析重复调查数据
25. 世代分析（第二版）
26. 纵贯研究（第二版）
27. 多元时间序列模型
28. 潜变量增长曲线模型
29. 缺失数据
30. 社会网络分析（第二版）
31. 广义线性模型导论
32. 基于行动者的模型
33. 基于布尔代数的比较法导论
34. 微分方程：一种建模方法
35. 模糊集合理论在社会科学中的应用
36. 图解代数：用系统方法进行数学建模
37. 项目功能差异（第二版）
38. Logistic 回归入门

39. 解释概率模型：Logit、Probit 以及其他广义线性模型
40. 抽样调查方法简介
41. 计算机辅助访问
42. 协方差结构模型：LISREL 导论
43. 非参数回归：平滑散点图
44. 广义线性模型：一种统一的方法
45. Logistic 回归中的交互效应
46. 应用回归导论
47. 档案数据处理：生活经历研究
48. 创新扩散模型
49. 数据分析概论
50. 最大似然估计法：逻辑与实践
51. 指数随机图模型导论
52. 对数线性模型的关联图和多重图
53. 非递归模型：内生性、互反关系与反馈环路
54. 潜类别尺度分析
55. 合并时间序列分析
56. 自助法：一种统计推断的非参数估计法
57. 评分加总量表构建导论
58. 分析制图与地理数据库
59. 应用人口学概论：数据来源与估计技术
60. 多元广义线性模型
61. 时间序列分析：回归技术（第二版）
62. 事件史和生存分析（第二版）
63. 样条回归模型
64. 定序题项回答理论：莫坎量表分析
65. LISREL 方法：多元回归中的交互作用
66. 蒙特卡罗模拟
67. 潜类别分析
68. 内容分析法导论（第二版）
69. 贝叶斯统计推断
70. 因素调查实验
71. 功效分析概论：两组差异研究
72. 多层结构方程模型
73. 基于行动者模型（第二版）